伸ばす！
就活能力・ビジネス日本語力

日本で働くための「4つの能力」養成ワークブック

学校法人 長沼スクール 東京日本語学校 編　　小島美智子 監修
植木香・木下由紀子・藤井美音子 著

国書刊行会

はじめに

　本書は、日本国内または海外の日本企業に就職を希望する外国人の皆様が、「就職活動から入社当初にわたり必要となるビジネス日本語」を、短期間で、無理なく、確実に養えるよう配慮し、「教育実践で用いる教材」として作成したものです。
　単にビジネスで使われる日本語の表現を学ぶにとどまらず、日本企業で働く際に必要とされる習慣やマナー、入社後に遭遇するであろう異文化間の問題とそれらを解決する策に至るまで幅広く学習していただくことを目指しました。

　本書は元来、長沼スクール 東京日本語学校「ビジネス日本語コース」の、4段階のレベルの最初のレベルにおいて使用するためのテキストとして開発したものが基になっています。2010年4月のコース開設から日々の授業で使用し、実践を通して効果を検証しながら、実際の学習者の日本語レベルに合わせ改良を重ねました。また同時に、より効果的な指導法も模索してきました。

　本書の特徴は、先に述べましたように、ビジネス場面で必要とされる日本語能力だけでなく、「異文化の壁を乗り越える適応力」（社会文化能力）や「日本企業が重視するチームワーク力」（社会人基礎力）などが学べる内容も多く取り入れている点です。また、効果的な指導法の一例として「指導者用手引き」を用意しました。

　本書で学び、実際に日本企業に就職を果たした本校ビジネスコースの卒業生はこの7年間で200人以上に達しています。ビジネス日本語教育現場の必要性に応える本書が、学習者および「ビジネス日本語」を指導されている日本語学校や専門学校などの教育機関、外国人を採用し研修をしていらっしゃる日本企業の皆様にもお役に立てれば幸いです。

　最後に、本書執筆にご協力いただいた内野英治さん、富澤芳夫さん、ならびに本書出版にあたり編集者としてご尽力いただいた国書刊行会の佐藤純子さんに厚くお礼を申し上げます。

2018年4月
学校法人長沼スクール 東京日本語学校

目次

はじめに

本書をお使いになる方へ

Ⅰ 学習の前に
1 目標設定 ・・・・・・・・・・・・・・・・・・・・・・・・・・・・・・・・・・・・ 9

Ⅱ 就活能力 ・・・・・・・・・・・・・・・・・・・・・・・・・・・・・・・・・ 13
1 自己紹介 ・・・・・・・・・・・・・・・・・・・・・・・・・・・・・・・・・・・ 15
2 自己分析 ・・・・・・・・・・・・・・・・・・・・・・・・・・・・・・・・・・・ 19
3 業界・業種・職種 ・・・・・・・・・・・・・・・・・・・・・・・・・ 25
4 勤務の条件 ・・・・・・・・・・・・・・・・・・・・・・・・・・・・・・・・ 31
5 自己PR ・・・・・・・・・・・・・・・・・・・・・・・・・・・・・・・・・・・ 35
6 志望動機 ・・・・・・・・・・・・・・・・・・・・・・・・・・・・・・・・・・ 39
7 履歴書・送付状 ・・・・・・・・・・・・・・・・・・・・・・・・・・・ 43
8 面接の受け方 ・・・・・・・・・・・・・・・・・・・・・・・・・・・・・ 53

Ⅲ 社会文化能力 ・・・・・・・・・・・・・・・・・・・・・・・・・・ 61
1 異文化理解 ・・・・・・・・・・・・・・・・・・・・・・・・・・・・・・・・ 63
2 日本の地理 ・・・・・・・・・・・・・・・・・・・・・・・・・・・・・・・・ 67

Ⅳ 社会人基礎力 ・・・・・・・・・・・・・・・・・・・・・・・・・・ 77
1 プレゼンテーション ・・・・・・・・・・・・・・・・・・・・・・・ 79
2 チームビルディング ・・・・・・・・・・・・・・・・・・・・・・・ 89
3 ケーススタディ① ・・・・・・・・・・・・・・・・・・・・・・・・・ 95
4 ケーススタディ② ・・・・・・・・・・・・・・・・・・・・・・・・・ 99
5 報告・連絡・相談（報・連・相） ・・・・・・・・・・・ 103

V　仕事の日本語力 ……………………………… 107

1. 敬語 ……………………………………… 109
2. 挨拶 ……………………………………… 117
3. 電話　受ける …………………………… 123
4. 電話　かける …………………………… 133
5. 電話　アポイントを取る ……………… 143
6. 訪問 ……………………………………… 149
7. 会議 ……………………………………… 161
8. ビジネスメール ………………………… 167

CAN-DO チェックリスト ……………………………… 174
重要単語リスト ………………………………………… 177

ワークシート

別冊
解答・解説

本書をお使いになる方へ

I　対象学習者レベル

　本書は、中級修了、日本語能力試験 N2 合格と同等レベルの学習者を主な対象としています。なお、N3 レベルの学習者や、一人で学習する方のために、巻末に英語・韓国語・中国語翻訳のついた「重要単語リスト」をつけ、理解しやすいようにしてあります。

II　構成

　本書は以下の、5つのアイテムから成っています。
- **本冊**
- **ワークシート**　本冊の巻末についています。
- **解答・解説**　別冊解答がついています。
- **指導者用手引き**　本書購入の方にはダウンロードしてご使用いただけます（PDF データ）。別途申請が必要ですので、国書刊行会のホームページ（http://www.kokusho.co.jp）より、申請してください。
- **音声**　国書刊行会ホームページより、自由にダウンロードしてご使用いただけます。

III　本冊の内容

　本冊は「I　学習の前に」を除いて、大きく4つの柱で構成されています。
　内容は各課が独立した形式で、順不同であり、積み上げ形式ではないので、必要に合わせてどの課からでも学ぶことができます。

❶ 就活能力の習得
　就職活動を成功させるための基本的な知識の習得と、実践力を身につけるワーク。
　　自己紹介、自己分析、業界・業種・職種、勤務の条件、自己 PR、志望動機、履歴書・送付状、面接の受け方

❷ 社会文化能力の育成
　日本企業で求められる日本に関する基本的な知識や、異文化の壁を乗り越えるための柔軟な思考方法を身につけるためのワーク。
　　異文化理解、日本の地理

❸ 社会人基礎力の育成
　社会人として身につけておくべき基本的な知識や考え方、習慣を学ぶ。
　　プレゼンテーション、チームビルディング、ケーススタディ、報告・連絡・相談（報・連・相）

❹ 仕事の日本語力の習得
　就活の際、また就職後、即座に役立つビジネス場面での日本語を学ぶ。
　　敬語、挨拶、電話、訪問、会議、ビジネスメール

Ⅳ　目的、目標、CAN-DO チェックリスト

　各課の初めに「何のために学ぶか」と「達成目標チェック」を示し、学習者の目的意識を促しています。また巻末に、CAN-DOチェックリストをつけて、達成度を自己確認できるようにしてあります。

Ⅴ　ワークシート

　本冊で学習した内容のまとめや振り返りをするため、必要な課には、ワークシートをつけました。切り取り式で、学習者が完成させたワークを教師や指導者に提出し、チェックしてもらえるようになっています。

Ⅵ　解答・解説

　本書は、日本語学校や専門学校などの教育機関でのクラス授業においては教師の指導の下に、企業においては指導者の下に用いられることが望ましいですが、学習者が独学で用いることもできるように、本冊内の問題に対する解答例を別冊で示しています。

Ⅶ　指導者用手引き

　様々な環境でこの本を用いて教える方々と学ぶ方々のために、「指導者用手引き」を作成しました。基本的に、1つの課は90分または180分で終わるように作られています。しかし、時間が十分に掛けられない環境であれば、必要な箇所だけ取り出すことができます。逆に時間に余裕がある環境であれば、より詳しく踏み込んで教えていただけます。

Ⅷ　音声

　主な「会話例」については自然なイントネーション、発音が身につけられるように、音声（MP3形式）を用意しました。音声を用意してある部分には、♪音声ダウンロード のマークがついています。

Ⅸ　コースデザイン例

　対象学習者、学習環境、学習期間などに合わせて適宜、コース設定・授業計画が考えられるように、本書のコースデザイン例を提示しています。ホームページよりダウンロードできます。

Ⅹ　重要単語リスト

　各課の初めにある「この課で覚える言葉」を一覧にし、英語・中国語・韓国語の翻訳をつけました。わからない言葉があるときは、確認できるようになっています。

主な登場人物
CHARACTERS

トム・クラーク

アメリカ人　男性　26歳
渋谷日本語学校　ビジネス日本語科　学生
⇒株式会社渋谷物産営業部　社員

林　怡思

中国人　女性　27歳
株式会社渋谷物産営業部　社員
（渋谷日本語学校　ビジネス日本語科卒業）

山川　広

株式会社渋谷物産営業部　部長

本田　一郎

ＡＢ商事株式会社総務部　課長

渋谷物産営業部

社員たち（3人）

佐藤　純

株式会社ＣＤ貿易営業部　社員

I 学習の前に

1 目標設定 Setting goals

何のために学ぶか

夢を実現させるために、今、何をするべきか考える
Thinking about what you have to do now, in order to achieve your dreams

構成

1. 夢は書くことで実現する
2. あなたの夢
3. 課題（今の目標を書く）

達成目標チェック

自信あり
☐ 自分自身の今の目標を明確にできる
You are able to clarify your current goals.

🌸 この課で覚える 13 の言葉

目標　設定　夢　脳　潜在能力　叶える　漠然
願望　明確な　選択　期限　具体的な　活躍

1 夢は書くことで実現する

▶ 学習を始める前に、あなたの夢について考えてみましょう。

「夢や目標を書いてそれを何度も見ることで記憶が強化され、その記憶が脳の潜在能力に働きかけ夢を叶える力を引き出してくれる」という説があります。

出典：茂木健一郎『脳をやる気にさせるたった1つの習慣』（ビジネス社、2010年）

あなたが夢を書くと、以下のような効力が生まれると考えられます。
- 漠然とした願望が明確になる。
- 目標のために必要なことを選択するようになる。
- 書いた夢を人に話すことで、自分以外の人の協力を得ることができる。

2 あなたの夢

▶ 以下のことを頭に入れて、夢の内容を書いてみましょう。

- 達成期限を明確にする
- シンプルな言葉で表す
- 具体的に書く
    - ×　お金持ちになる
    - ○　自分で貿易会社を経営して、日系企業と取り引きしている
    - ○　海辺に5LDKの家を建て、住んでいる
- 「〜している」「〜になっている」という表現を使う

夢のために、今しておくべきことは何か、考えましょう！

_____年後の私は　_____年　_____月　（_____歳）

どんなことをしていますか？

_____

3 課題（今の目標を書く）

▶ 2で書いた夢を実現するために、今の目標を書いてみましょう。

- 実行しやすいように「何を」「どのように」「何回」など具体的に書く
- 「～する」「～できるようになる」という表現を使う

今の目標

▶ 目標をワークシートに清書しましょう。いつも見える場所に貼っておくのもいいでしょう。

ワークシートへ

大きな夢を実現させた人
イチローさんの場合 ── 小学生時代の作文

イチロー（鈴木一朗）
日本人の野球選手。日本やアメリカで活躍。
アメリカ、メジャーリーグのシーズン最多安打記録や
10年連続200安打など、多くの記録を保持。

イチローさんは小学校の卒業文集で次のように書いていました。

「（略）そして、中学、高校でも活躍して高校を卒業してからプロに入団するつもりです。（中略）とにかく一番大きな夢はプロ野球選手になることです」

出典：佐藤健『イチロー物語』（毎日新聞社、1995年）

次のページから
「4つの能力」を
学びましょう！

Ⅱ 就活能力
しゅうかつのうりょく

1 自己紹介 15
じ こ しょうかい

2 自己分析 19
じ こ ぶんせき

3 業界・業種・職種 25
ぎょうかい ぎょうしゅ しょくしゅ

4 勤務の条件 31
きん む じょうけん

5 自己ＰＲ 35
じ こ

6 志望動機 39
し ぼうどう き

7 履歴書・送付状 43
り れきしょ そう ふ じょう

8 面接の受け方 53
めんせつ う かた

就職活動を成功させるための知識と実践力を身につけましょう!

Ⅱ 就活能力

1 自己紹介 Self-introduction

何のために学ぶか

就職活動（就活）の面接で、自己紹介ができるようになる
Being able to introduce yourself at a job interview

構成

1. 経歴を整理する
2. 話し方を考える
3. 自己紹介する
4. 課題（自己紹介を書く）

達成目標チェック

自信あり
☐ 学歴、職歴などを簡潔に述べ、熱意が伝えられる
You are able to briefly describe your educational and professional background, and also convey your enthusiasm toward the job.

自信あり
☐ ビジネス場面にふさわしい表現が使える
You are able to use expressions appropriate for business settings.

この課で覚える14の言葉

| 自己紹介 | 就活 | 経歴 | 学歴 | 職歴 | 簡潔な | 熱意 |
| 出身国 | 最終学歴 | 専攻 | 勤務 | 御社 | 活かす | 貢献 |

1 経歴を整理する

▶ 右のページの 表現例 を参考にしながら、❶〜❻をまとめましょう。

❶ 出身国・出身地

_____

❷ 最終学歴・専攻

_____

❸ 卒業後の経歴（ない場合は、在学中に力を入れた活動などについて）

_____

❹ 日本に来ることになった理由

_____

❺ 日本に来てからの経歴

_____

❻ まとめの文章（その会社に入りたいという熱意を伝える）

_____

表現例

❶ 出身国・出身地
- ○○（国名）の○○市出身です。／○○（国名）から参りました。

❷ 最終学歴・専攻
- 国の大学で○○を専攻しました。／大学の専攻は○○です。

❸ 卒業後の経歴（ない場合は、在学中に力を入れた活動などについて）
- 卒業後○○（業種または会社名）で○○（職種）として○年勤務しました。
- 在学中に○○（業種または会社名）で1年間【インターンシップ／アルバイト】の経験があります。
- 卒業後1年間兵役に就きました。

❹ 日本に来ることになった理由
- 【日本語能力を高めるため／日本で働きたいと思って／家族の仕事の関係で】、日本に参りました。

❺ 日本に来てからの経歴
- 現在日本語学校で1年勉強しております。
- 午前中は日本語学校で勉強し、午後は週2回アルバイトをしています。

❻ まとめの文章（その会社に入りたいという熱意を伝える）
- ぜひ御社で働かせていただきたいと思います。どうぞよろしくお願いいたします。
- 大学で勉強したことを活かして御社に貢献できるよう頑張ります。どうぞよろしくお願いいたします。
- これまでの経験を活かし御社に貢献したいと思います。どうぞよろしくお願いいたします。

▶ どこが違いますか？

> アメリカから来たトムです。
> えっと、趣味はおいしいものを食べること。
> 今度一緒に飲みに行きましょう。よろしく！

> 私、トム・クラークと申します。アメリカのニューヨーク出身です。
> 大学で経済を専攻しました。
> 卒業後は自動車メーカーで3年間営業として勤務しました。
> 現在、日本語学校でビジネス日本語を勉強しております。
> これまでの経験を活かし御社に貢献できるよう頑張ります。
> どうぞよろしくお願いいたします。

2　話し方を考える

▶ 以下のことに注意して話しましょう。

- 明るくはっきりと話しはじめる
- 名前はフルネーム、カタカナで書いた通りの発音でゆっくりと言う
- 姓と名の間をあけて言う
- たくさんのことを言いすぎない
- 最後は「ぜひ入社したい」という気持ちを込めて話す
- 「どうぞよろしくお願いいたします」や「以上です」で終える

🚩 口癖にも気をつけましょう。

3　自己紹介する

▶ p.16 **1**の**①**～**⑥**のメモに基づいて30秒～1分で話しましょう。

4　課題（自己紹介を書く）

▶ 自己紹介がいつでもできるように、清書しましょう。

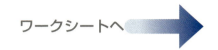

II 就活能力

2 自己分析 Self-analysis

何のために学ぶか

1. 自分がやりたい仕事について考える
   Thinking about professions that you like
2. エントリーシートや履歴書、面接で自分を上手にアピールする
   Selling your strong points in entry sheets, regimes, and interviews

構成

1. 自分の強みを知る
2. 自分の長所・短所を知る
3. 自分の志向を知る
4. 自分がやりたい仕事を考える
5. 課題（長所・短所・これまでで一番頑張ったことを書く）

達成目標チェック

自信あり
□ 今までの自分をふり返り、これからやりたい仕事とその理由について説明できる
You are able to review your past experiences and explain what you want to accomplish and why.

自信あり
□ 自分の長所や短所について説明できる
You are able to describe your strong points as well as your weaknesses.

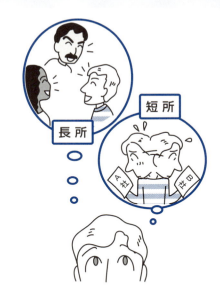

🍀 この課で覚える 17 の言葉

自己分析	エントリーシート	履歴書	面接	強み
長所	短所	志向	頑張る	言語	専門	資格
業務	特技	興味	関心	やりがい

1 自分の強みを知る

▶ 仕事で役立つ可能性があるものについて、書き出してみましょう。

海外生活の経験	▶ アメリカ留学〇年など
話せる言語	
専門・専攻	
資格など	▶ 仕事に活かせる資格、語学検定など
業務経験 その他の経験	▶ その他　ボランティア、部活動、兵役など
特技	

2 自分の長所・短所を知る

▶ 学生時代から現在までをふり返り、自分の性格と、一番頑張ったことについて書き出してみましょう。

長所	
短所	
一番頑張ったこと	▶ いつ、どこで、誰と、何をしたか、結果はどうだったか
その経験から学んだこと	

長所を表す言葉

▶ 他に自分に合う言葉があれば、空欄に書きましょう。

柔軟性がある	適応力がある	行動力がある	落ち着きがある
協調性がある	向上心がある	計画性がある	コツコツ努力する
冷静な	前向きな	好奇心旺盛な	真面目な
何事にも積極的な	粘り強い	諦めない	責任感が強い

表現例

- 私の長所は＿＿＿＿＿＿＿ところです。

- 私は＿＿＿＿＿＿＿性格です。

短所を表す言葉

▶ 他に自分に合う言葉があれば、空欄に書きましょう。

慎重すぎる	考えすぎる	細かいことが気になる	細かいことを気にしない
せっかちな	優柔不断な	頑固な	のんびりしている
心配性な	お人好しな	理屈っぽい	緊張しやすい

表現例

- 私は少し＿＿＿＿＿＿＿ところがあります。

3 自分の志向を知る

▶ できるだけ多く自分に当てはまることを挙げましょう。

❶
好きなもの、好きなこと、興味や関心のあることを挙げてみましょう。

例 コーヒー
ファッション
環境問題
体を動かすこと……

❷
やりがいを感じること、喜びを感じること、やっていて楽しいことを挙げてみましょう。

例 難しいことにチャレンジすること
目標を達成すること
知らないことを知ること
人と話すこと……

- それを仕事にしたいと思いますか？
- それを仕事にすることはできますか？

▶ 上で挙げた中から１つを選び、ペアになってQ＆Aをしてみましょう。

相手にさまざまな質問をし、相手が本当にやりたいことに気づけるようサポートしましょう。

❸ Q＆Aの例

Q：○○さんが一番やりがいや喜びを感じることは何ですか。	A：私は知らないことを知るのが楽しいです。
Q：それはなぜですか。	A：今まで知らなかったことを知ると、世界が広がるからです。
Q：どんな方法で知らないことを知りますか。	A：人に聞いたり、ネットで調べたり……。
Q：時間がかかってもいいですか。	A：はい。
Q：どうしてですか。	A：時間がかかったぶん、知った時の喜びは大きいです。
Q：大変だけど楽しいと感じるのですか。	A：はい。
Q：なるほど。調べることが好きなんですね。	A：（確かに調べることが好きだなあ）

4 自分がやりたい仕事を考える

▶ ❶〜❸で考えた、自分がやりたい仕事の内容について書いてみましょう。
「ＩＴ業界」、「営業職」、「人と接する仕事」など、形式は自由です。

```
（理由）                    （どんな？）

_____から _____（仕事が）したい。
```

例1 数字を扱うのが好きだから、経理の仕事がしたい

例2 人と話すのが好きで、目標達成したときにやりがいを感じるから、営業の仕事がしたい

例3 さまざまな国の人と接したいから、ホテルの仕事がしたい

Ⅱ 就活能力 ── 2 自己分析

自己分析の方法

自己分析の方法は様々ですが、この課で取り上げた以外にも以下のようなものがあります。

● **自分史を書く**
　子供のころ・中学高校時代・大学時代・卒業後に、好きだったこと・頑張ったこと・つらかったことなど、「自分にとって影響が大きかった出来事」を挙げ、その理由と、そこから得られたものなどを書くと、今の自分を形成しているものがわかります。

● **マインドマップを作る**

🚩 自分で考えるだけでなく、周りの人に聞いてみることも大切です。

5 課題（長所・短所・これまでで一番頑張ったことを書く）

▶ 履歴書やエントリーシートに書く時や、面接で聞かれた時に話せるように、ワークシートにまとめてみましょう。

長所　話し方例

　私の長所は①最後まで諦めないところです。
　私は前職で営業の仕事をしていた時、②なかなか契約が取れなかったのですが、諦めずに何度も取引先を訪ね、詳しく商品の説明をした結果、契約を取ることができました。

① 聞き手に伝わりやすくなるようにまず結論（自分の長所）を言う
② 具体的な例（どんな時にその性格がわかるか／実際の経験）

短所　話し方例

　私は①少し心配性なところがあります。だからこそ、失敗しないように、いつも②十分に準備するようにしています。そのため、③効率的に仕事を進めることができます。

① まず結論（自分の短所）を言う
② 対処法・努力していること
③ 見方を変えれば長所にもなることも伝える

　🚩「時間にルーズ」など、仕事にとって非常にマイナスになることは避ける。
　　短所は「～です」と断定せず、「少し～ところがあります」のように言うと、柔らかく聞こえる。

これまでで一番頑張ったこと

- まず何をしたのか、ひと言で話す。　例 私が一番頑張ったことは、ボランティア活動です。
- 次に、いつ、どこで、誰と、何をしたかについて簡潔に説明する。
- そして、何が大変だったか、それをどのように乗り越えたか、結果はどうだったか、その経験から何を学んだかを話す。

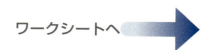
ワークシートへ

Ⅱ 就活能力

3 業界・業種・職種　Industries, sectors, job types

何のために学ぶか
1. 業界・業種・職種の基本的な構造・名称を知る
   Understanding basic systems and names of industries, sectors, and job types
2. どの業界に、どのようなニーズがあるかを探る
   Finding out what needs each industry has

構成
1. 業界・業種・職種
2. 業界の種類
3. 仕事の種類
4. 業界・企業研究の方法
5. 課題（業界調査）

達成目標チェック
自信あり
☐ 自分が目指す業界・業種・職種について、述べることができる
You are able to express what kind of industries, sectors and job types you want to pursue.

 この課で覚える25の言葉

業界	業種	職種	企業	目指す	金融	保険	証券
営業	事務	経理	人事	製造	商社	販売	開発	調達
物流	就労	申請	特徴	検索	仕組み	現状	動向

1 業界・業種・職種

▶ それぞれの内容について確認しましょう。

業界	同じ産業に関係する人々の世界
業種	商業・工業などの事業の種類
職種	業務の内容で分けた仕事の種類

業界
- 業種
  - 職種
  - 職種
  - 職種
- 業種
  - 職種
  - 職種
  - 職種
- 業種
  - 職種
  - 職種
  - 職種

例 業界・業種の分類方法はいくつかあります。

	産業による分類		商品による分類
業界	金融業界	業界	自動車業界
業種	銀行、保険、証券、リースなど	業種	製造業（メーカー）、商社、販売業（ディーラー）など
職種	営業、事務、経理、人事など	職種	開発、製造、調達、物流、営業、事務、経理など

▶ 日本の代表的な業界や業種名を挙げてみましょう。

2 業界の種類

▶ 業界は大きく分けると「モノを作る業界（製造業）」と「それ以外の業界（非製造業）」に分類されます。それぞれの業界の中に業種があります。あなたの希望する業界・業種を探してみましょう。

モノを作る業界（製造業）	食品	モノを売る業界	百貨店・スーパー・コンビニエンスストア
	農林・水産		専門店
	建設	サービスを提供する業界	不動産
	住宅・インテリア		交通
	繊維・紙パルプ		運輸
	化学・石油		外食産業
	薬品・化粧品		ホテル・旅行・観光
	鉄鋼・鉱業		人材サービス
	機械・プラントエンジニアリング		教育
	電子・電気機器		医療・福祉
	自動車・輸送用機器		保安・警備
	精密・医療用機器	情報を発信する業界	新聞
	印刷・事務機器関連		出版・広告
モノやお金を動かす業界	銀行		放送・通信社
	証券・投資信託委託		ソフトウェア・情報処理
	生命保険・損害保険		通信・ネットワーク
	商社		ネット関連技術

（独立行政法人 日本学生支援機構発行「外国人留学生のための就活ガイド2019」をもとに作成）

3 仕事の種類

▶ 行きたい業界が決まったら、そこでどんな仕事をしたいか考えましょう。下の9つの中から系列を選び、その中でやりたい職種を挙げてみましょう。

職種系列リスト

事務・管理系
総務・人事・労務　経理・会計・財務　法務・審査・特許　物流・在庫管理
貿易事務・海外事務　一般事務・秘書・受付

企画系
宣伝・広報　調査研究・マーケティング　企画・商品開発　経営企画

営業系
営業（新規開拓メイン）　営業（既存顧客メイン）　営業推進・販売促進

技術・研究系
基礎研究　応用研究・技術開発　生産・製造技術　品質・生産管理・メンテナンス
建築土木設計・測量・積算　施工管理　機械・電子機器設計

専門系
MR　薬剤師　医療技師・看護師　栄養士　福祉士・介護士・ホームヘルパー　保育士
講師・インストラクター　経営コンサルタント　ITコンサルタント　専門コンサルタント
ファイナンシャルアドバイザー　翻訳　通訳　アナウンサー

販売・サービス系
販売スタッフ・接客　店長　スーパーバイザー　バイヤー　エステティシャン

金融系
為替ディーラー・トレーダー　融資・資産運用マネージャー　証券アナリスト　アクチュアリー

クリエイティブ系
編集・制作　記者・ライター　デザイナー　ゲームクリエイター

IT系
プログラマー　SE（システムエンジニア）　ネットワークエンジニア　カスタマーエンジニア
システム保守運用　システムコンサルタント　セールスエンジニア　カスタマーサポート

（独立行政法人 日本学生支援機構発行「外国人留学生のための就活ガイド2024」をもとに作成）

▶ それぞれの業界・職種の仕事内容については、独立行政法人 日本学生支援機構発行「外国人留学生のための就活ガイド2024」を参照してください。

▶ 自分が関心を持っている業界・業種・職種をまとめましょう。

🚩 それぞれ、一つでなくてもいいです。どのような順番で考えてもいいです。

❶ 業界 _____

❷ 業種 _____

❸ 職種 _____

❹ ❶～❸を選んだ理由

_____

業種と職種の関係

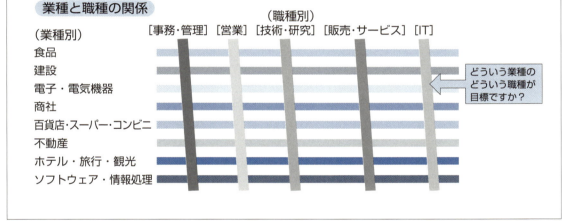

どういう業種の
どういう職種が
目標ですか？

Ⅱ 就活能力 ── 3 業界・業種・職種

就労ビザがとれるのはどんな仕事？

在留資格（技術・人文知識・国際業務）
- 自然科学の分野または人文科学の分野に属する技術や知識を要する業務
- 外国の文化に基盤を持つ思考または感受性を必要とする業務

参考：出入国在留管理庁ホームページ

🚩 自分がやりたい仕事で就労ビザを申請できるか確認しましょう。

4 業界・企業研究の方法

▶ 希望する業界・企業が決まったら、くわしく調べてみましょう。

業界の基本的な情報、現在の状況、将来（これからどうなっていくか）を知っておくことは、就職活動で非常に大切なことです。

業界研究の仕方

1	社会や経済の動向を知る

↓ ニュースなどを見て情報収集しましょう。

2	どのような業界があるかを広く調べる

↓ インターネットや書籍を利用して調べましょう。

3	興味ある業界や自分に合いそうな業界を見つける

↓ 自分の長期的なキャリアビジョンと、業界の特徴との相性を考えましょう。

4	興味のある業界と関連のある周辺の業界についても調べる

↓ 興味のある業界の周辺の業界を調べることにより、志望する業界の幅を広げましょう。

5	志望する業界を絞り込み、その業界について個別に研究する

志望する業界を決めたあとは、その業界にどのような企業があるか調べましょう。

（独立行政法人 日本学生支援機構発行「外国人留学生のための就活ガイド 2024」をもとに作成）

調べ方

❶ インターネットで調べる
- 就職情報サイト　例「学情ナビ」、「マイナビ」など　業界の特徴が簡潔にまとまっている
- 検索サイト　キーワード例 業界研究、業界基礎知識、〇〇業界の仕組み／現状／動向 など

❷ 書籍・雑誌・新聞で調べる
- 書籍　例『日経業界地図』（日本経済新聞社）　最新情報がまとまっている
- 雑誌　例『日経ビジネス』（日本経済新聞社）、『東洋経済』（東洋経済新報社）などのビジネス雑誌
- 新聞　例「日本経済新聞」（日本経済新聞社）などの主要紙　経済面、企業面などを見る

5 課題（業界調査をする）

▶ あなたが行きたい業界について調べ、まとめましょう。

ワークシートへ

II 就活能力

4 勤務の条件 — Priorities on your decisions

何のために学ぶか
求人情報を読み、自分の希望に合うかどうか、判断できるようになる
Learning to judge if a particular job would satisfy your needs by reading ads

構成
1. 雇用形態
2. 雇用形態による勤務条件の違い
3. 福利厚生、その他の保障について
4. 勤務条件の見方
5. 課題（勤務条件を調べる）

達成目標チェック

自信あり

☐ 日本の会社の勤務条件（給与・手当・福利厚生など）について理解できる

You are able to understand terms of employment at Japanese companies (pay, allowances and benefits).

🍀 この課で覚える37の言葉

求人	雇用形態	勤務条件	福利厚生	保障	給与	手当
役員	正社員	非正規社員	取締役会	専務	常務	
監査役	管理職	契約社員	派遣社員	請負	社会保険	
賞与	有給休暇	昇格	昇給	厚生年金	雇用保険	
補償	労災（労働災害）	基本給	試用期間	就業時間		
介護	年金	研修	保養施設	額面	手取り	採用

1 雇用形態

▶ 一般的な日本企業の構造の特徴を理解しましょう。

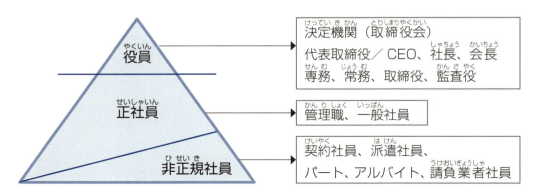

- 役員 → 決定機関（取締役会）／代表取締役／CEO、社長、会長／専務、常務、取締役、監査役
- 正社員 → 管理職、一般社員
- 非正規社員 → 契約社員、派遣社員、パート、アルバイト、請負業者社員

2 雇用形態による勤務条件の違い

▶ 次の雇用形態に関する表を見て、後の質問に答えましょう。

○＝就労ビザの対象
△＝働き方による
×＝対象外

	契約形態	給与	休日／社会保険	メリット・デメリット	就労ビザ
正社員	・終身雇用契約（定年まで働ける）	月給＋賞与（ボーナス）	・（完全）週休2日＋有給休暇・社会保険あり	・責任ある仕事を任される・福利厚生がある・昇格・昇給あり	○
契約社員	・一定期間の雇用契約（1～3年が多い）	月給＋賞与	・（完全）週休2日＋有給休暇・社会保険あり	・福利厚生は会社による・契約継続、昇格は保証なし	○
派遣社員	・派遣会社との雇用契約・派遣先で仕事をする	日給または時給が多い	派遣会社の規定に従う	・就労ビザの対象になる場合とならない場合がある・就業時間、期間など自分の都合に合わせられる	△
アルバイトパート	・勤務先との雇用契約・非専門的な仕事	日給または時給	・有給休暇なし・社会保険なし（条件を満たせば加入もあり）	・就業時間、期間など自分の都合に合わせられる・キャリアになりにくい	×

🚩 上の表は一般的な条件です。

別冊解答 p.3

質問1　就労ビザが取得できるのは、どのような社員ですか。

質問2　正社員と契約社員の大きな違いは何ですか。

3 福利厚生、その他の保障について

▶「福利厚生」とは何か、確認しましょう。

　社会保険や休暇制度も含め、企業が、従業員やその家族の健康や生活を向上させるために、賃金・給与に加えて提供するもので、保養施設を利用できるなど企業独自の制度もあります。

▶「社会保険」にはどのようなものがあるか、確認しましょう。

　社会保険は、一定の要件（企業の規模や就労時間などによる）に当てはまる人が強制加入するのが原則です。企業に勤める人は、下記のような保険に加入します。健康保険・厚生年金保険・雇用保険は企業が本人と同額を負担しています。

種類	保険の内容	納付方法
医療保険 　健康保険（全国健康保険協会や各社会保険組合）	病気やけがをした人のための保険	給与から差し引かれる
年金保険 　厚生年金保険	老後に一定の金額を受け取るための保険	給与から差し引かれる
介護保険	原則として、介護が必要な高齢者のための保険 40歳以上が対象	給与から差し引かれる
雇用保険	失業をした時の保険	給与から差し引かれる
労働者災害補償保険 （略称：労災保険）	業務中や通勤時の労働災害のための保険	企業が全額負担

🚩その他、医療保険には「国民健康保険」、年金保険には「国民年金保険」がありますが、これらは主に自営業やパートの人のための保険で、個人で保険料を納付します。

4 勤務条件の見方

▶ 次の例から、具体的な勤務の条件を読み取り、後の質問に答えましょう。

株式会社渋谷物産　勤務条件

基本給	月給　200,000円	雇用形態	正社員	
試用期間	3ヶ月　（試用期間中は、時給 1,000円）			
諸手当	資格手当、役職手当、家族手当、住宅手当、通勤手当、残業手当、休日出勤手当　など			
賞与	年2回（6月、12月）	昇給	年1回（4月）	
就業時間	通常　9：00～18：00			
休日	完全週休2日制・祝祭日・年末年始			
福利厚生制度	休暇	有給休暇、産前産後休暇、育児休業制度、介護休業制度、忌引		
	社会保険	健康保険、厚生年金保険、雇用保険、労災保険　など		
	研修	新入社員研修、営業社員研修、幹部社員研修、語学研修		
	寮	独身寮		
	保養施設	箱根荘		

質問1　どんな手当があればいいと思いますか。

質問2　日本とあなたの国で違う点はありますか。

▶ 次の言葉は給与に関してよく使われます。意味を確認しましょう。

- **額面**　「額面金額」の略。給与から保険・年金・税金などを引く前の金額。
- **手取り**　給与などから税金その他を差し引いた、実際に受け取る金額。

5 課題（勤務条件を調べる）

▶ 自分の興味のある企業の採用情報を見て、まとめましょう。

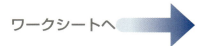
ワークシートへ

Ⅱ 就活能力

5 自己PR Self PR

何のために学ぶか
面接で、自己PRができるようになる
Becoming able to do self PR at an interview

構成
1. 自己PRを考える
2. 課題（自己PRを書く）

達成目標チェック

自信あり
☐ 自分の強みについて、適切な言葉や数字・データなどを使って述べることができる
You are able to state your strengths using appropriate words, numbers, data, etc.

❀ この課で覚える4つの言葉

自己PR　成果　取引先　ニーズ

1 自己ＰＲを考える

▶ 空欄に入る言葉を考えてみましょう。

「自己紹介／自己ＰＲをお願いします」と言われたら、どのようなことを話しますか。

「自己紹介」は＿＿＿＿＿＿＿＿を、「自己ＰＲ」は＿＿＿＿＿＿＿＿を述べる。

別冊解答 p.3

▶ 「自己分析」で考えたことを参照して、以下の❶〜❸について考えてみましょう。

❶ あなたの強みは何ですか。

```
私の強みは＿＿＿＿＿＿＿＿＿＿＿＿＿＿＿＿＿＿＿＿＿＿＿＿＿＿＿＿
＿＿＿＿＿＿＿＿＿＿＿＿＿＿＿＿＿＿＿＿＿＿＿＿＿＿＿（こと）です。
```

表現例
- 私は＿＿＿＿（力）があります
- 私は＿＿＿＿ができます
- 私の強みは＿＿＿＿（の）経験で身につけた＿＿＿＿（力）です。

❷ ❶で選んだ強みは、いつ、どのような状況で、どのようにして身につけましたか。

```
いつ ＿＿＿＿＿＿＿＿＿＿＿＿＿＿＿＿＿＿＿＿＿＿＿＿＿＿＿＿＿＿
どのような状況で ＿＿＿＿＿＿＿＿＿＿＿＿＿＿＿＿＿＿＿＿＿＿＿＿
どのように身につけたか ＿＿＿＿＿＿＿＿＿＿＿＿＿＿＿＿＿＿＿＿
＿＿＿＿＿＿＿＿＿＿＿＿＿＿＿＿＿＿＿＿＿＿＿＿＿＿＿＿＿＿＿＿
どのような成果をあげたか ＿＿＿＿＿＿＿＿＿＿＿＿＿＿＿＿＿＿＿
＿＿＿＿＿＿＿＿＿＿＿＿＿＿＿＿＿＿＿＿＿＿＿＿＿＿＿＿＿＿＿＿
```

🚩 数字やデータを入れると説得力が増します。
例 <u>3年間</u>の営業経験があります。　　<u>顧客100社</u>を担当しました。
<u>1時間</u>早く出社してチェック作業をしました。
大学の生徒会長として<u>1年間</u>生徒会の運営をしました。

❸ あなたがやりたい仕事は何ですか。❷の強みをその仕事でどんな時に活かせますか。

```
やりたい仕事　_____

_____

どう活かすのか　_____

_____
```

▶ ❶から❸をつなげて、1分程度で話す練習をしましょう。話した後で以下の点をチェックしましょう。

> **チェックポイント**
> - 結論から話しているか。
> - エピソードはわかりやすいか。
> - 成果が具体的に数字などで表されているか。
> - やりたい仕事と自分の強みが合っているか。
> - 自信を持ってはっきりと話しているか。

「自分のよさ」を「自分の言葉」でアピールしましょう！

自己ＰＲの話し方例

（自分の強みをひと言で）

　私の強みは、[1]一歩早く行動する力です。

（エピソード）

　以前、御社の製品を扱う店舗で、棚の整理とレジ担当のアルバイトをしました。アルバイトを始めてから[2]最初の１週間で約100種類のボールペンの特徴を、[3]お客様に聞かれても答えられるようにノートにまとめて覚えました。また、よく売れている製品をこまめにチェックし、品切れにならないよう、棚に補充することを心がけました。店長に、[4]『先を読んで一歩早く行動する姿勢がいい』と評価していただきました。この経験から、「明日のために今日何をすべきか」という、一歩早く行動する力を身につけることができました。

（どう活かすか）

　御社の海外営業の仕事でこの力を活かし、取引先のニーズをつかみ、製品のよさを伝えたいと思います。

（文字数250〜300字程度）

▶ 下線の [1]〜[4] は、以下の内容が書かれています。
　[1]　結論
　[2]　数字やデータ
　[3]　どのように行動したか
　[4]　どのような成果をあげたか

2　課題（自己ＰＲを書く）

▶ 自己ＰＲを清書しましょう。

ワークシートへ

Ⅱ 就活能力

6 志望動機 Reason for applying

何のために学ぶか
面接で、志望動機が話せるようになる
Communicating your reason for applying at an interview

構成
1. 志望動機を考える
2. 課題（志望動機を書く）

達成目標チェック

自信あり
- [ ] なぜその業界（業種）・企業・職種を志望しているのか、述べることができる
  You are able to explain why you are interested in that industry (industry type), company, occupation.

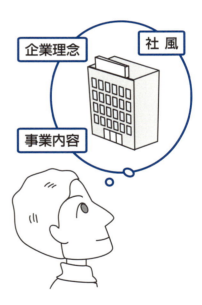

企業理念　社風　事業内容

🌸 この課で覚える 11 の言葉

志望動機　特長　社風　共感　理念　事業　根拠
魅力　市場　発揮　開拓

1 志望動機を考える

▶ 空欄に入る言葉を考えてみましょう。

「志望動機をお願いします」と言われたら、どのようなことを話しますか。

_____を述べる。

別冊解答 p.3

▶ 以下の❶～❷について考えてみましょう。

❶-1　なぜその国で働きたいのか　　　　（国名：　　　　　　　　　）

_____

_____

❶-2　なぜその業界（業種）で働きたいのか　　（業界：　　　　　　　　　）

_____

_____

❷-1　なぜその企業に入りたいのか　　　　（企業名：　　　　　　　　　）

_____

企業を選んだ理由はさまざまな点から述べることができます。
以下の例などから考えてみましょう。

例
- 会社の特長／他社との違い／社風：御社が_____からです。
- 共感した企業理念：御社の_____に共感したからです。
- 今後力を入れる事業：御社が今後_____に力を入れることを

  知り、_____からです。
- その他：_____からです。

❷-2　❷-1についての詳しい説明（具体的な例、エピソード、根拠など）

_____

_____

_____

❷-3　その企業に入ってどんなことをやりたいか

_____

_____

_____

▶ ❷-1から3をつなげて、1分程度で話す練習をしましょう。話した後で以下の点をチェックしましょう。

> **チェックポイント**
> - 結論から話しているか。
> - エピソードはわかりやすいか。
> - やりたい仕事が明確か。
> - その仕事に活かせる能力を持っていることがわかるか。
> - 本気で働きたい気持ちが表れているか。

Ⅱ　就活能力──6　志望動機

面接官が納得する志望動機になっていますか？

志望動機の話し方例

(志望理由を簡潔に)

　私が御社を志望する理由は、愛用者の一人として、[1]御社の製品をより多くの人に知ってもらいたいと考えたからです。

(詳しい説明)

　私は[2]日本に来てから御社の文房具を使い続けています。使いやすさや美しいデザイン、手頃な価格などに魅力を感じています。しかし、現在、御社の製品は私の母国を含め、他のアジアの国々でもなかなか手に入れることができません。今回、御社が海外市場への展開に力を入れるということを知り、私も自分の力を発揮して御社に貢献したいと思い、応募しました。

(やりたいこと)

　[3]一歩早く行動する力を活かし、[4]海外営業職として、現地の調査や取引先の開拓に全力を尽くしたいと思います。

🚩 [1]～[4]は、以下の内容が書かれています。
　[1]　結論（なぜその企業に入りたいのか）
　[2]　詳しい説明
　[3]　その仕事に活かせる力
　[4]　どんなことをやりたいか

2　課題（志望動機を書く）

▶ 志望動機を清書しましょう。

🚩 書きことばでは「御社」より「貴社」が適切。

ワークシートへ →

Ⅱ 就活能力

7 履歴書・送付状 Résumés and cover letters

何のために学ぶか

履歴書・送付状の書式と表現を知る
Understanding how to write résumés and cover letters

構成

1. 履歴書のポイント
2. エントリーシートのポイント
3. 送付状の書き方
4. 封筒の書き方
5. 課題（履歴書・送付状作成）

達成目標チェック

自信あり
☐ 企業に提出するための履歴書・送付状が作成できる

You are able to create résumés and cover letters to submit to companies.

この課で覚える22の言葉

履歴書	送付状	書式	職務経歴書	別紙参照	免許
資格	取得	空欄	控え	概要	同封	御中	部署
貴社	添付	査収	機会	署名	拝啓	敬具	担当者

1 履歴書のポイント

▶ 履歴書を書く時の❶〜⓬のポイントを確認しましょう。

履 歴 書

❶ 2022 年 1 月 10 日現在

❷ フリガナ	リン　　イシ		
氏　名	❸ 林　怡思		
アルファベット表記	❹ LIN　　YI　　SHI		
❺ 1995 年 1 月 1 日生（満 27 歳）		※ 男・⑨	

フリガナ	❻ トウキョウトシンジュククオオクボ	国籍
現住所	〒169-0072　東京都新宿区大久保5丁目6番　アーバンハイツ101	中　国
電話番号　080-1111-2222 e-mail　❼ linyishi @ efg.co.jp		

年	月	学歴・職歴（各別にまとめて書く）
		❾〈学　歴〉
2011	9	北京大学附属高等学校　入学　（中国北京市）
2014	7	北京大学附属高等学校　卒業
2014	9	北京新大学　外国語学部　日本語学科　入学　（中国北京市）
2018	7	北京新大学　外国語学部　日本語学科　卒業
2021	4	渋谷日本語学校ビジネス日本語コース　入学　（東京都渋谷区）
2022	3	渋谷日本語学校ビジネス日本語コース　卒業見込
		❿〈職　歴〉
2018	9	株式会社日本製品　北京支社　入社　（中国北京市）
2021	3	株式会社日本製品　北京支社　退社
		（アルバイト）
2021	5	東京カフェ　渋谷店　ホール担当　（東京都渋谷区）　2021 年 10 月まで
2021	11	日本書店　渋谷店　販売担当　（東京都渋谷区）
		現在に至る
		以上

❶ 日付　提出日を記入する。

❷ フリガナ　「フリガナ」と書いてあったらカタカナ、「ふりがな」の場合はひらがなで書く。

❸ 氏名　漢字またはアルファベットで書く。姓と名の間は空ける。

❹ アルファベット表記　パスポートと同じ表記にする。

❺ 生年月日　提出日の満年齢を書く。

❻ 住所　フリガナは数字やカタカナの上にはつけない。

❼ メールアドレス　携帯電話のアドレス（受信の字数制限のあるもの）は書かない。

❽ 写真
- 履歴書用のサイズ（縦4cm、横3cm）を守る。写真を貼りつける場合は、裏に名前を書いておく。
- スピード写真や、写真アプリなどもあるが、写真専門店で撮影するのが一番いい。
- 髪型や服装は清潔感のあるもので、スーツ（男性はネクタイ着用）が原則。→ p.54
- 体と顔は正面を向き、胸から上の写真を撮る。歯を見せて笑わない。
- 大学卒業式の角帽やマント姿の写真はNG。

❾ 学歴
- 時系列で古い順に、高校から書く。
- 学校名は正式名称で書く。大学・大学院は学部・学科を書く。
- 「入学」と「卒業」はセットで書く。「入学」「卒業」の字の位置を揃える。途中退学なら「中退」と書く。
- 「入学」の横に、学校がある「国名」「州名」「市名」を書いておくといい。
- 在学中の学校は、「○年○月　卒業見込」または「現在に至る」と書く。

❿ 職歴
- 時系列で古い順に、大学卒業後の職歴を書く。インターンシップやアルバイト経験は必要に応じて書く。特に日本での仕事は、簡単なアルバイトでも書いておくといい。
- 会社名は正式名称で書く。「株式会社」を（株）と省略しない。
- 「入社」と「退社」はセットで書く。
- 在職中の会社は「現在に至る」と書く。スペースがない場合は、最終職歴の社名の右側に「現在に至る」と書いてもよい。
- 新卒🚩で職歴がまったくない場合は〈職歴〉の下の行に「なし」と書く。
- 職歴を書き終わったら、最後に「以上」と書く。
- 職歴がある人は、履歴書とは別に「職務経歴書」を作成する必要がある。

🚩「新卒」は、その年に学校を卒業した／卒業予定の人。それに対して、その年以前に卒業している人を「既卒」と言う。

自己紹介書

⑪ 免許・資格	年	月	
	2013	7	日本語能力試験N1　合格
	2016	3	TOEIC　700点　取得
	2016	4	普通自動車運転免許（国際免許）　取得
			現在、TOEIC 800点以上を目指して勉強中

⑫ 得意な分野・趣味・特技
　趣味：自転車旅行（自転車で北海道を周ったことがあります）
　特技：絵（ＰＣでイラストを作成しています）
　語学：中国語（母国語）、英語（ビジネスレベル）、日本語（ビジネスレベル）

自己ＰＲ	私の強みはチームワークを重視する協調性と前職で身につけたビジネス日本語能力です。 　大学時代には、生徒会の副会長として文化祭などのイベントで企画運営を行い、仲間と協力しあって成功させることができました。このような活動を通して、チームワークの大切さを学び、自分に課せられた課題を最後まで遂行する責任感と協調性が身につけられたと思います。 　大学卒業後は学んだ日本語を生かし、チームワークを重んじる日本企業で働きたいと思い、株式会社日本製品の北京支社に入社しました。企画販売部に所属し、日本本社とのやり取りや中国の日用雑貨市場のリサーチ、販売計画の立案などに3年間ほど携わり、業務を通して実践的なビジネス日本語能力を高めることができました。
志望動機	志望職種：海外営業 　私は〇月〇日の合同企業説明会に参加し、貴社が総合商社として日本のみならず海外のお客様の課題解決のために常に挑戦している姿に共感し、応募いたしました。 　貴社の「和をもって、人々の暮らしを豊かにするすべてのものを提供する」という企業理念は正に私の理想です。また、中国・タイ・インドネシアに現地法人があり、新たな海外拠点の展開も視野に入れたマーケティングを行っていることにも興味を持ちました。私は日本と中国のビジネス文化を理解し、中国の市場調査の経験もありますので、海外の拠点や取引先と日本との調整役としてお役に立てると考えます。 　まずは営業職からスタートし、将来は海外事業展開に関わる仕事でグローバルに活躍できる人材になれるよう努力したいと思います。

▶ 職務経歴書に「自己ＰＲ」「志望動機」を書く場合は、「別紙（職務経歴書）参照」と書く。

❶ 免許・資格
- 時系列で古い順に書く。
- 正式名称で書く。
- 運転免許などは「取得」、日本語能力試験などは「合格」と書く。
- 試験を受け、結果発表を待っている場合は「結果待ち」と書いておく。
- 現在勉強中の資格も書いておくといい。

❷ 趣味・特技
- 単に「読書」「音楽」「旅行」と書くだけでなく、具体的に何をしているか書いておく。人柄が伝わり、面接での話のきっかけにもなる。
- 「特になし」は印象がよくないので、必ず書く。
- 語学レベルを書いておく。

全体の注意点

① 空欄はなるべく作らないこと

　空欄があると、書き忘れたと思われてしまう。職歴や、免許・資格などがない場合だけ、「なし」と記入する。

② 経歴にブランクを作らないこと

　経歴があるのに書いていないと、空いている期間に何をしていたのか疑問に思われてしまう。もしブランクがある場合は、面接で聞かれた時に説明できるようにしておく。

③ 郵送する書類は汚さないこと・修正テープを使わないこと

　履歴書を手書きまたは印刷して郵送する場合、紙に汚れがあったり、折れ曲がっているものはNG。もし書き間違えたら、新しい用紙にもう一度書き直す。

④ かならず控えをとっておくこと

　履歴書は自分にとっても面接時の大切な資料である。何を書いたか忘れないように、提出する前にコピーをとっておく。

2 エントリーシートのポイント

▶ 履歴書の他にエントリーシートが必要な場合もあります。

エントリーシートは、履歴書と同様の「学歴・職歴・資格」欄と、それぞれの企業が独自に設定する「質問項目」の2つで構成されている場合が多く、「ES」とも呼ばれます。主に新卒の書類選考で使われます。エントリーシートは文章などによって自分を表現する手段だと考え、自分の強みや入社意欲を伝えましょう。

エントリーシートの質問例

- 学生時代に打ち込んできたこと
- 専攻分野の研究内容や、卒業論文の概要
- ゼミやサークルの活動内容
- 自分の長所・短所
- 自己PR
- 志望動機
- 入社後にチャレンジしたいこと
- 将来の夢や目標
- 尊敬する人・好きな言葉
- 働くうえで大切だと思うこと
- 新商品やサービスの提案
- あなたが考える○○とは何か（○○＝国際人、おもてなし　など）

🚩 業界や企業によってエントリーシートの形式や質問内容は異なります。

3 送付状の書き方

▶ 送付状を書く時のポイントを確認しましょう。

　履歴書を送る時は、以下のような送付状を添えます。書式は決まった型が多く、送る目的や同封書類を明記します。

🚩 日本の場合、送付状を「カバーレター」とも呼びます。

例1　メールで履歴書を送る場合

> 履歴書を送る場合、件名に自分の名前を入れておくとわかりやすい

件名：　履歴書送付の件（林　怡思）

株式会社渋谷物産
人事部人事課　御中

> 会社、部署宛の場合は「様」でなく「御中」と書く

はじめてメールを送らせていただきます。
私は現在、渋谷日本語学校でビジネス日本語を学んでおります林　怡思（リン　イシ）と申します。

> その他「ジョブフェア」「ホームページ」など

この度、〇月〇日の合同企業説明会で貴社の採用募集を知り、自分の能力と経験が活かせればと考え、本日応募いたしました。

> よく調べてから受け取ること

履歴書を添付いたしますので、ご査収くださいますようお願いいたします。
面接の機会をいただければ幸いです。何卒よろしくお願い申し上げます。

添付ファイル 📁
林怡思　履歴書.docx

> メールにファイルをつけ加えること
> 他の表現　▶「履歴書を添付ファイルでお送りします」
> 　　　　　▶「履歴書を添付してお送りします」

****

林　怡思（リン　イシ）
渋谷日本語学校
ビジネス日本語コース　学生
〒169-0072
東京都新宿区大久保5丁目6番　アーバンハイツ101
TEL 080-1111-2222
linyishi@efg.co.jp

****

> 「署名」を入れる

II　就活能力 ── 7　履歴書・送付状

例2 郵送で履歴書を送る場合

20XX年 XX月 XX日

株式会社渋谷物産
人事部人事課　御中

林　怡思（リン　イシ）

〒169-0072　東京都新宿区大久保5丁目6番
アーバンハイツ101
TEL 080-1111-2222
E-mail linyishi@efg.co.jp

> 手紙の始めに用いる正式な挨拶の言葉。結びは「敬具」
> 🚩 メールでは不要です。

> 「季節」の挨拶
> 🚩下記 挨拶の文例 参照。

拝啓　初春の候、貴社ますますご発展のこととお慶び申し上げます。
　さて、私は母国の中国で北京新大学外国語学部日本語学科を卒業後、日系企業の北京支社に勤務し、現在、日本語学校でビジネス日本語を学んでおります林　怡思（リン　イシ）と申します。
　この度、〇月〇日の合同企業説明会で貴社の採用募集を知り、自分の能力と経験が活かせればと考え、本日応募させていただきました。
　下記の応募書類を同封いたしますので、ご査収くださいますようお願いいたします。
　面接の機会をいただければ幸いに存じます。何卒ご検討の程よろしくお願い申し上げます。

敬具

記

1．履歴書　　　　　　　1通
2．職務経歴書　　　　　1通

> 同封した書類名を書く
> 中央に「記」、
> 右下に「以上」と書く

以上

挨拶の文例

例　1月：初春の候、貴社ますますご清栄のこととお慶び申し上げます。

🚩 月によって言葉が変わります。その月に合ったものを使いましょう。

2月：立春の候　　5月：新緑の候　　8月：残暑の候　　11月：晩秋の候
3月：春暖の候　　6月：梅雨の候　　9月：秋分の候　　12月：師走の候
4月：陽春の候　　7月：猛暑の候　　10月：仲秋の候

4 封筒の書き方

▶ 履歴書・送付状などを入れる封筒のポイントを確認しましょう。

履歴書・送付状はできれば折らずに、そのまま封筒に入れて送りましょう。

封筒の名称	サイズ	料金（2023年3月現在）	折らずに入るサイズ
角型2号（角2）	240 × 332	¥120（〜50g） ¥140（51〜100g）	A4・B5

🚩 料金不足に注意。できれば郵便局で重さを計ってもらいましょう。

表

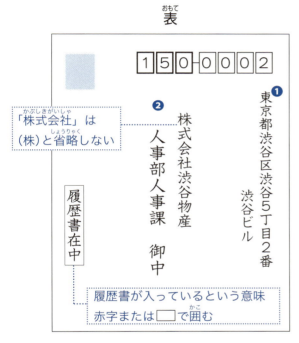

裏

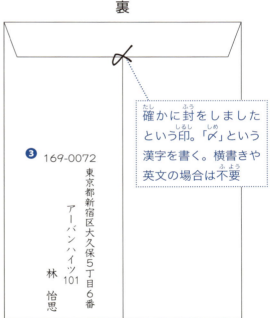

❶ **住所**
封筒の右端から2cm〜3cm内側に書くと、バランスがいい。

❷ **宛名**
封筒の中央に1字下げて書く。堂々とした大きい字で書く。
例 ○○課御中／人事部採用ご担当者様／○○部　△△様

❸ **自分の住所と名前**
封筒の裏側左下1／4程のスペースに書く。

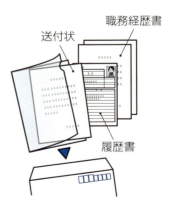

🚩 1. 送付状　2. 履歴書　3. 職務経歴書（あれば）　の順に入れましょう。

折れないようクリアファイルに入れましょう。

5 課題（履歴書・送付状作成）

▶ PCまたは手書きで履歴書を作成しましょう。その後、「Word」などのソフトを使って郵送する場合の送付状を作成しましょう。

履歴書の種類

　この課で紹介した履歴書は、一般的なフォーマットを外国人に適した形に加工したものです。皆さんが履歴書を入手するには以下の方法があります。

文具売り場・コンビニエンスストアなどで購入する
- 「JIS規格」の履歴書が一般的です。
- 「アルバイト用」「学生用」「転職用」など、用途が決まっているものもあります。

インターネットからダウンロードする
- 「履歴書テンプレート」「履歴書フォーマット」などのキーワードで検索します。
- 人材紹介会社（エージェント）のサイトにあるものがおすすめです。

　履歴書は目的に応じて、自分をアピールしやすいフォーマットを選ぶことが大切です。

Ⅱ 就活能力

8 面接の受け方 How to do an interview

何のために学ぶか

面接についてのルールとマナーを知る
Understanding the rules and manners of interviews

構成

1. 服装・マナーについて
2. 受付から入退室の流れ
3. 面接でよく出る質問
4. 模擬面接
5. お礼メールの書き方
6. 課題(ふり返り)

達成目標チェック

自信あり
☐ マナーよく面接に臨み、基本的な質問に答えられる
You are able to face interviews well and answer basic questions.

🍀 この課で覚える15の言葉

面接	服装	入退室(入室・退室)	臨む	身だしなみ
清潔感	派手な	名乗る	控え室	伺う	案内
一礼	ごまかし笑い	原則	精一杯

1 服装・マナーについて

▶ 面接にふさわしい服装や身だしなみについて確認しましょう。

男性

- 髪型：清潔感のあるスタイル（フケに注意）。
- ヒゲ：きれいにそる。
- シャツ：白、派手でないもの。清潔でアイロンをかけたもの。派手な下着を着ない。
- ネクタイ：エンジ、ブルー、イエローなどが一般的。派手な柄や色は避ける。
- 香水・アクセサリー：つけない。
- スーツ：色は濃紺、グレー、黒。無地が基本。
- 靴下：色は黒、紺、グレー。白はNG。控えめな柄。丈が短すぎるもの、厚手のカジュアルなものはNG。
- 靴：シンプルなデザインの黒が基本。磨いておく。
- つめ：きれいにしておく。

女性

- 髪型：清潔感のあるスタイル。長い場合は顔にかからないようにまとめる。
- メイク：派手ではないナチュラルなメイク。
- シャツ・ブラウス：男性と同様。胸元の開きすぎたものはNG。
- アクセサリー：デザインはシンプルなもの、数は少なめに。
- ネイル：短めにし、派手な色にはしない。
- スーツ：男性と同様。スカートでもパンツでもOK。スカートの丈は座った時に短すぎないこと。
- ストッキング：素足はNG。色や柄のないベージュ系をはく。
- 靴：男性と同様。高すぎるヒールやブーツ・サンダル類はNG。

男性・女性　共通

- めがね：派手なフレーム、レンズの汚れはNG。
- かばん：色は黒、サイズはA4が入る大きさが基本。カジュアルなものはNG。
- 腕時計：スマートフォンで時間を確認するのはNG。派手ではない腕時計をつける。

▶ 下記の点にも注意しましょう。日本ではこのようなことも見られています。

（受付前）
- コートは受付に行く前に脱いでおく
- スーツの上着は受付に行く前に着ておく
- 携帯電話の電源は切っておく
- 身だしなみを確認する

（受付時）
- 受付の人にきちんと挨拶をする
- はっきりと名前を名乗る

（その他）
- 控え室での行動も見られているので、気を抜かない
- 会社の建物の写真や面接などで得た情報を、SNSなどでむやみに流さない
- 面接の前後に、会社の周辺でうわさ話などをしない
- 部屋のコンセントを使って、自分の携帯電話の充電をしない

2 受付から入退室の流れ

▶ 流れを確認して、実際に練習してみましょう。

❶ 建物の入り口でコートを脱ぐ
↓
❷ 受付できちんと挨拶し、面接に来たことを伝える
「本日、面接に伺いました［学校名］の［名前］と申します。面接会場はどちらでしょうか」
↓
❸ 案内されたら忘れずにお礼を言う
「ありがとうございます」
↓
❹ 面接前に控え室に案内されたら、そこで静かに待つ

❺ 面接室に入る前にノックする
↓

お入りください。

言葉が先。礼はその後で

❻ ドアを開け、明るくはっきりと挨拶する
「失礼いたします」
一礼し、ドアを両手で閉める
↓
❼ いすのところまで進む
↓
❽ 学校名、名前を名乗る
「私、［学校名］の［名前］と申します。よろしくお願いいたします」

いすの横で待つ

↓

おかけください。

深く腰かけ背すじを伸ばす
かばんはいすの横に置く

❾ 挨拶し着席する
「失礼いたします」

面接官からの質問

↓

以上で終わりです。
お疲れ様でした。

❿ 座ったままお礼を言う
「ありがとうございました」
一礼

↓

⓫ 立ち上がり、もう一度お礼を言う
「本日はありがとうございました」
出口まで進む

↓

⓬ ドアの手前で挨拶する
「失礼いたします」
一礼
ドアを静かに開け、両手で閉めて退室

3 面接でよく出る質問

▶ 面接でよく出る質問について、答える練習をしてみましょう。

- 自己紹介　→ p.15 〜
- 自己PR、自分の強み　→ p.35 〜
- 長所・短所　→ p.20 〜 21
- 志望動機　→ p.39 〜
- 前職を辞めた理由
- 入社後どういう仕事をしたいか、その理由
- これまで一番頑張ったこと／大変だったこと／感動したこと　など
- 日本語を勉強する理由／日本で働きたい理由
- 会社への質問

面接、こんなときどうする？

Q　緊張して、何も答えられなくなったらどうする？
A　何も言わずに黙るのはNG。「申し訳ありません、緊張してしまって……」と素直に言ってもいい。「もう一度話してもよろしいでしょうか」と言ってもう一度説明する。ごまかし笑いをしてはいけない。

Q　面接官の質問が聞き取れなかったり、言葉がわからなかったらどうする？
A　わかったふりをして答えると質問と答えがずれてしまう。「申し訳ありません、もう一度お願いできますか」「〇〇というのはどういう意味でしょうか」と聞く。

Q　面接で必ず敬語を使わなければならない？
A　無理に使って間違えたり、緊張しすぎる場合は「です・ます」で話してもよい。「うん、そう」などの「友達言葉」はNG。

Q　質問に対してなるべく長く話したほうがいい？
A　話は「結論→理由」の順に話すと、相手が理解しやすい。また、面接は「発表」ではなく面接官との「会話」。一方的に長く話すのはよくない。

Q 前職を辞めた理由はどう答えればいい？

A 前の職場の悪口や自分のイメージを悪くすることは言わず、今後の希望（「～たいと思い退職しました」）など、前向きな理由を話したほうがいい。

Q 給料について質問してもいい？

A 求人票に給与額が書かれている場合はそれに従うのが基本。もしはっきり書かれていない場合は、「御社の規定に従いますが、私のキャリアでどのくらいの額になるか、伺ってもよろしいでしょうか」などと控えめに聞くことが大切。

Q 面接の最後に「何か質問はありますか」と聞かれて、特にない場合は「ありません」と言ってもいい？

A 「特になし」は相手に関心を持っていないことになる。必ず何か考えておくこと。

4　模擬面接

▶ 実際の面接を想定して、模擬面接を受けてみましょう。
- 志望動機を入れた履歴書を作成し、面接官役の人に渡しておく。
- レイアウト例を参考に、面接会場を作る。
- 入室→着席→面接→退室まで続けて行う。
- 他の人の様子を見るのも勉強になるので、面接を見学する。
- 面接の様子を録画し、後で見直す。

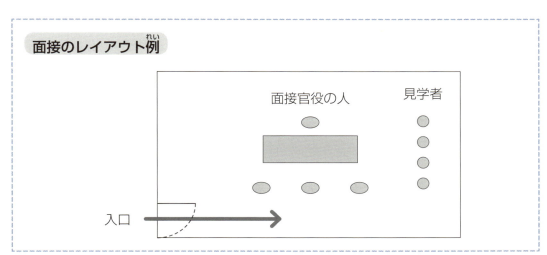

面接のレイアウト例

5 お礼メールの書き方

▶ 面接を受けた会社宛にお礼メールを書きましょう。

お礼メールは面接当日に送るのが原則です。❶❷には、自分の言葉で、入社したい意志を伝える内容を書いてみましょう。

別冊解答 p.3

件名： ○月×日面接のお礼（トム・クラーク）

株式会社渋谷物産
人事部人事課
課長　＿＿（名前）＿＿様

> 相手の名前はフルネームで書く
> 名前がわからない時は「ご担当者様」と書く

渋谷日本語学校のトム・クラークです。

○月×日は面接の機会をいただき、ありがとうございました。

面接でのお話を通して、❶＿＿＿＿＿＿＿＿＿＿＿＿＿＿＿＿＿＿＿

という気持ちが強くなりました。

もし入社できましたら、❷＿＿＿＿＿＿＿＿＿＿＿＿＿＿＿＿＿＿＿

＿＿＿＿＿＿＿＿ように精一杯頑張りたいと思います。

取り急ぎ面接のお礼を申し上げたく、メールを送らせていただきました。
何卒よろしくお願いいたします。

****
Tom Clark　（トム・クラーク）
渋谷日本語学校　ビジネス日本語コース　学生
〒154-0017
東京都世田谷区世田谷6-1　世田谷ハウス201号室
TEL　090-3333-4444
tomclark@efg.co.jp
****

---

6 課題（ふり返り）

▶ 模擬面接を受けた後には、必ずふり返りをして、改善を図りましょう。

ワークシートへ

III 社会文化能力

1 異文化理解 63
2 日本の地理 67

社会人として必要な基本的な知識や考え方、習慣を学びましょう！

Ⅲ 社会文化能力

1 異文化理解 Intercultural understanding

何のために学ぶか

普段意識していない文化の違いについて認識し、異文化を理解するために何が必要か考える

Recognizing the cultural differences that you are not usually conscious of and thinking about what is necessary to understand different cultures

構成

1. 文化とは何か
2. 見えない文化
3. 時間の感覚
4. 異文化の中で働くには

達成目標チェック

自信あり
□ 社会生活やビジネス場面での文化の違いを理解し、共生するための努力ができる

You are able to understand the differences in cultural thinking in your social life and in business situations and make efforts to coexist.

この課で覚える 15 の言葉

異文化	理解	認識	共生	価値観	誤解	衝突
すれ違い	感覚	世代	受け継ぐ	尊重	柔軟な
客観的な	見直す

参考文献：八代京子・荒木晶子・樋口容視子・山本志都・コミサロフ喜美
『異文化コミュニケーション・ワークブック』（三修社、2001年）

1 文化とは何か

▶ 文化の違いについて考えてみましょう。

　下の氷山の絵を見てください。「文化」を氷山にたとえたこの絵を見ると、言葉や芸術などのように目に「見える文化」もあれば、価値観や時間の感覚などのように「見えない文化」もあります。「見える文化」は、普段から私たちが「文化」としてとらえているものが多いですが、「見えない文化」は同じ文化の中では「当然」と思えることなので、意識することが少なく、違う文化の中で暮らしている人々と出会い、初めて気づくことです。

　異文化コミュニケーションでは、この「見えない文化」の中でさまざまな誤解や衝突、すれ違いが生じます。国や地域だけでなく、家族・会社・学校・サークル・アルバイト先など自分が属するグループの違いによってさまざまな「異文化」が存在しています。

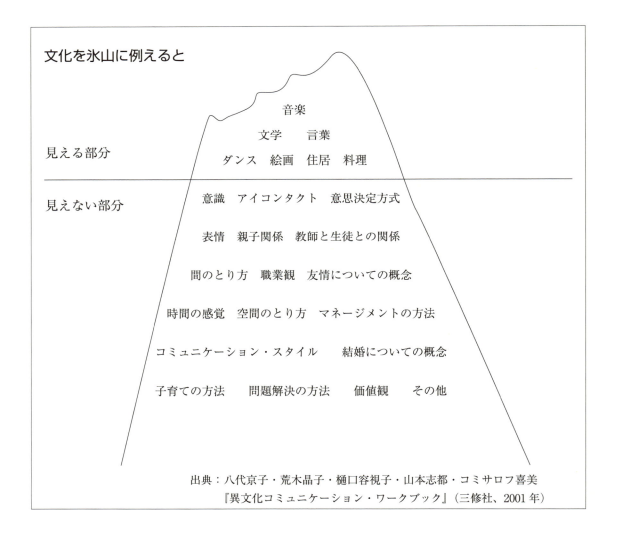

文化を氷山に例えると

見える部分
- 音楽
- 文学　言葉
- ダンス　絵画　住居　料理

見えない部分
- 意識　アイコンタクト　意思決定方式
- 表情　親子関係　教師と生徒との関係
- 間のとり方　職業観　友情についての概念
- 時間の感覚　空間のとり方　マネージメントの方法
- コミュニケーション・スタイル　結婚についての概念
- 子育ての方法　問題解決の方法　価値観　その他

出典：八代京子・荒木晶子・樋口容視子・山本志都・コミサロフ喜美
『異文化コミュニケーション・ワークブック』（三修社、2001年）

2　見えない文化

▶ 氷山の絵の「見えない部分＝見えない文化」に関して、誤解や衝突につながった経験はありますか。実際に経験したことを話してみましょう。

いつ・どこで・どのような経験か

その誤解や衝突はなぜ起こったのか（国と国との違いが原因か、それ以外の違いが原因か）

3　時間の感覚

▶ 時間の感覚について話し合ってみましょう。

　あなたは、時間を守ることについて、どのような感覚を持っていますか（学校や職場で決められた時間や約束した時間など）。以下の点について考えて話し合ってみましょう。

あなたの国と日本では違いがあるか、どのような違いを感じるか

所属する組織（家族・会社・学校・サークル・アルバイト先など）によって違いがあるか

Ⅲ　社会文化能力──1　異文化理解

4　異文化の中で働くには

▶ もしあなたが、あなたの常識と異なる文化の中で働くことになった場合、どうすればあなたはその環境で働きやすくなると思いますか。考えて話し合ってみましょう。

別冊解答 p.3

文化とは

コミサロフ喜美氏によると、文化とは以下のように定義されています。

1. 学習されるものである。
2. 集団によって共有されているものである。
3. 普段意識しないものである。
4. 世代から世代へと受け継がれるものである。

出典：八代京子・荒木晶子・樋口容視子・山本志都・コミサロフ喜美
『異文化コミュニケーション・ワークブック』（三修社、2001年）

　どのような文化を持つ人とでも、おたがいの文化を尊重し、理解しようとする柔軟な心が大切であることは言うまでもありません。同時に、自文化をふり返り、再認識し、客観的に見直すことも必要です。

⚑ この課を終了後、引き続きⅣ－4「ケーススタディ①」を行うことにより、異文化への理解力・対応力がより高められるでしょう。

Ⅲ 社会文化能力

2 日本の地理(にほんのちり) Japanese geography

何のために学ぶか

知っておくべき日本事情(じじょう)の1つとして、地理(ちり)について学ぶ
Learning about geography as one of the necessary things to know about Japan

構成

1. 日本の地方・都道府県(とどうふけん)・県庁所在地(けんちょうしょざいち)
2. 日本の地理クイズ
3. 産業(さんぎょう)クイズ
4. 世界遺産(いさん)クイズ
5. 新幹線(しんかんせん)クイズ
6. 主な空港(くうこう)クイズ
7. まとめクイズ

達成目標チェック

自信あり

☐ 日本の地形(ちけい)・気候(きこう)・交通(こうつう)・地方名・産業(さんぎょう)など、基本的(きほんてき)な情報(じょうほう)をビジネス場面で話題(わだい)にできる

You are able to talk about basic information about Japan, such as topography, climate, transportation, regional names, industries, etc., in business situations.

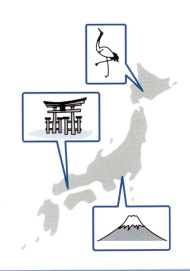

🍀 この課で覚える19の言葉

地理(ちり)	地方(ちほう)	都道府県(とどうふけん)	県庁所在地(けんちょうしょざいち)	産業(さんぎょう)	世界遺産(せかいいさん)
地形(ちけい)	気候(きこう)	交通(こうつう)	平野(へいや)	森林(しんりん)	河川(かせん)	平均気温(へいきんきおん)
人口(じんこう)	高齢者(こうれいしゃ)	水産業(すいさんぎょう)	繊維産業(せんいさんぎょう)	鉄鋼業(てっこうぎょう)	工業地帯(こうぎょうちたい)

1 日本の地方・都道府県（とどうふけん）・県庁所在地（けんちょうしょざいち）

1　地方区分（くぶん）テスト

▶ 地方の名前を書きましょう。　　　　　　　　　別冊解答 p.4

① 　　　　　　　　地方	⑤ 　　　　　　　　地方
② 　　　　　　　　地方	⑥ 　　　　　　　　地方
③ 　　　　　　　　地方	⑦ 　　　　　　　　地方
④ 　　　　　　　　地方	⑧ 　　　　　　　　地方

2 都道府県テスト

▶ 都道府県の名前を書きましょう。　　　解答は p.70

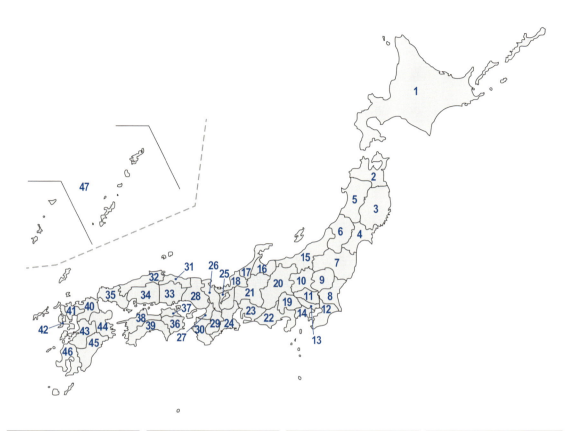

①	⑬	㉕	㊲
②	⑭	㉖	㊳
③	⑮	㉗	㊴
④	⑯	㉘	㊵
⑤	⑰	㉙	㊶
⑥	⑱	㉚	㊷
⑦	⑲	㉛	㊸
⑧	⑳	㉜	㊹
⑨	㉑	㉝	㊺
⑩	㉒	㉞	㊻
⑪	㉓	㉟	㊼
⑫	㉔	㊱	

Ⅲ 社会文化能力──2 日本の地理

3 都道府県　県庁所在地

▶ 正しい都道府県名を確認しましょう。県庁所在地も確認しましょう。

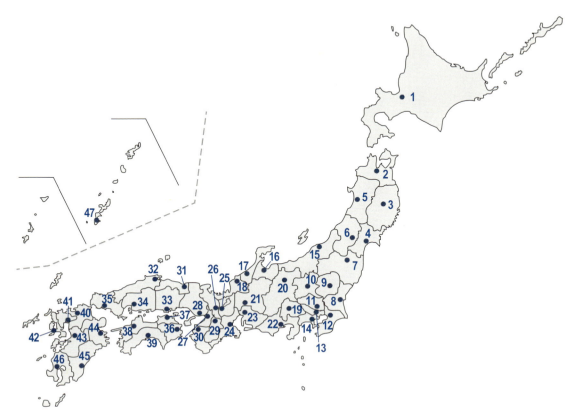

① 北海道 札幌市	⑬ 東京都 新宿区	㉕ 滋賀県 大津市	㊲ 香川県 高松市
② 青森県 青森市	⑭ 神奈川県 横浜市	㉖ 京都府 京都市	㊳ 愛媛県 松山市
③ 岩手県 盛岡市	⑮ 新潟県 新潟市	㉗ 大阪府 大阪市	㊴ 高知県 高知市
④ 宮城県 仙台市	⑯ 富山県 富山市	㉘ 兵庫県 神戸市	㊵ 福岡県 福岡市
⑤ 秋田県 秋田市	⑰ 石川県 金沢市	㉙ 奈良県 奈良市	㊶ 佐賀県 佐賀市
⑥ 山形県 山形市	⑱ 福井県 福井市	㉚ 和歌山県 和歌山市	㊷ 長崎県 長崎市
⑦ 福島県 福島市	⑲ 山梨県 甲府市	㉛ 鳥取県 鳥取市	㊸ 熊本県 熊本市
⑧ 茨城県 水戸市	⑳ 長野県 長野市	㉜ 島根県 松江市	㊹ 大分県 大分市
⑨ 栃木県 宇都宮市	㉑ 岐阜県 岐阜市	㉝ 岡山県 岡山市	㊺ 宮崎県 宮崎市
⑩ 群馬県 前橋市	㉒ 静岡県 静岡市	㉞ 広島県 広島市	㊻ 鹿児島県 鹿児島市
⑪ 埼玉県 さいたま市	㉓ 愛知県 名古屋市	㉟ 山口県 山口市	㊼ 沖縄県 那覇市
⑫ 千葉県 千葉市	㉔ 三重県 津市	㊱ 徳島県 徳島市	

2 日本の地理クイズ

別冊解答 p.4

▶ 下線に適切な言葉や数字を書きましょう。また、☐の中にはa～dから最も適切なものを選んで書きましょう。

1. 日本は、約6850の島から成り、その中でも特に大きな4つの島の名前は、北から

   ①_____ ②_____ ③_____ ④_____ である。

2. 日本は、①_____都 ②_____道 ③_____府 ④_____県、合計で47都道府県から成っている。

3. 日本の国土は総面積が約37.8万 km² で世界第61位。その長さは北東から南西にかけて約3000km。その約66％は、☐☐☐☐である。

   a．盆地　　　b．平野　　　c．森林　　　d．台地

4. 日本で一番高い山は富士山で、高さは ① ☐☐☐☐ と言われ、② ☐☐☐☐ と ③ ☐☐☐☐ にまたがっている。2013年に世界遺産に登録された。

   a．3776 m　　b．8848 m　　c．神奈川県
   d．静岡県　　e．山梨県

5. 日本は河川が多く、外国の川に比べると短く、流れが急である。一番長い川は、☐☐☐☐で、長さは367kmである。

   a．石狩川　　b．利根川　　c．信濃川　　d．北上川

6. 日本の気候は、夏は南東からの、冬は北西からの季節風の影響を受ける。そのため、夏は ① ☐☐☐☐ 側で ② ☐☐☐☐ が多い。

   a．大西洋　　b．太平洋　　c．雨　　　　d．雪

71

7. 東京都の平均気温の一番低い月は1月で ①_____、一番高い月は8月で ②_____ である。

　　a. 1.3℃　　　b. 5.4℃　　　c. 27.4℃　　　d. 31.6℃

東京の気温（2021年）

出典：気象庁ホームページより作成

8. 日本は太平洋の西側にあるため ①_____ や熱帯低気圧などによる災害が多く、周辺の海底で4つの大きなプレートが重なり合っているため、 ②_____ がよく起きる。

　　a. 台風　　　b. 雷
　　c. 地震　　　d. 雪崩

9. 日本の人口は、大都市に集中しており、東京都に約1401万人、①_____ に約923万人、②_____ に約880万人が住んでいる。

（2021年現在）

　　a. 福岡県　　　b. 大阪府　　　c. 愛知県　　　d. 神奈川県

10. 日本の総人口は、およそ ①_____ で、そのうちの約 ②_____ が65歳以上の高齢者である。

（2021年現在）

　　a. 2億3000万人　　b. 1億2500万人　　c. 60％　　　d. 29％

3 産業クイズ

別冊解答 p.4

▶ 次の文の□に、a～dから最も適切なものを選んで書きましょう。

1. 新潟県や秋田県、北海道などは、□の生産が盛んなことで知られている。

   a．りんご　　　b．じゃがいも　　　c．米　　　d．牛肉

2. 愛知県の豊田市は、□が最も盛んな地域である。

   a．水産業　　　b．繊維産業　　　c．鉄鋼業　　　d．自動車産業

3. 京浜（東京都・神奈川県・埼玉県・千葉県）・中京（愛知県・岐阜県・三重県）・阪神（大阪府・兵庫県）の3つの工業地帯を三大工業地帯という。そこで最も生産高が多いのは□である。

   a．食料品　　　b．化学品　　　c．衣料品　　　d．機械製品

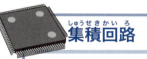

集積回路

(2019年)
経済産業省ウェブサイトより

1位　大分県
2位　長崎県
3位　山形県

漁業（漁獲量）

(2021年)
農林水産省ウェブサイトより

1位　北海道
2位　茨城県
3位　静岡県

お米

(2022年)
農林水産省ウェブサイトより

1位　新潟県
2位　北海道
3位　秋田県

繊維

(2019年)
経済産業省ウェブサイトより

1位　愛知県
2位　大阪府
3位　福井県

自動車（二輪自動車を含む）

(2019年)
経済産業省ウェブサイトより

1位　愛知県
2位　福岡県
3位　神奈川県

4 世界遺産クイズ

別冊解答 p.4

▶ 下の写真は、日本の世界遺産です。①〜⑦がその場所を示しています。その世界遺産の名前を下の □ の中の a〜g から選び、（ ）に書きましょう。

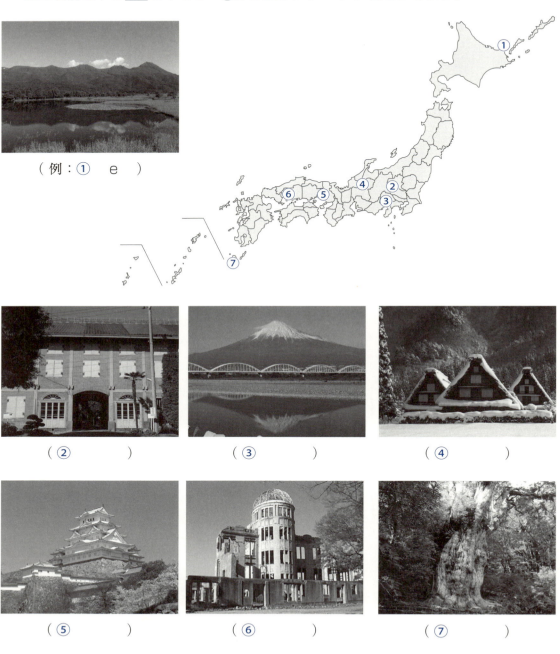

（例：① e ）

（② ）　（③ ）　（④ ）

（⑤ ）　（⑥ ）　（⑦ ）

| a．屋久島　b．姫路城　c．原爆ドーム　d．富士山　e．知床 |
| f．富岡製糸場と絹産業遺産群　g．白川郷・五箇山の合掌造り集落 |

5 新幹線クイズ

別冊解答 p.4

▶ 新幹線の名前を書きましょう。

2020年現在

①	北海道	新幹線
②		新幹線
③		新幹線
④		新幹線
⑤		新幹線
⑥		新幹線
⑦		新幹線
⑧		新幹線
⑨		新幹線

6 主な空港クイズ

別冊解答 p.4

▶ 主な空港の名前を書きましょう。

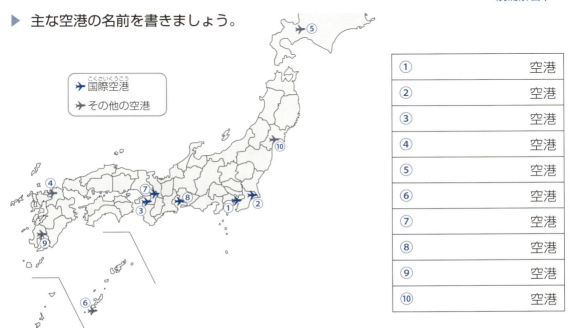

①	空港
②	空港
③	空港
④	空港
⑤	空港
⑥	空港
⑦	空港
⑧	空港
⑨	空港
⑩	空港

7 まとめクイズ

別冊解答 p.4

▶ 次の文の下線の部分に適切な言葉や数字を入れて、日本の地理についてまとめましょう。

日本は4つの大きな島から成り、北から①_____、②_____、③_____、④_____と呼ばれている。また、全部で⑤_____都道府県で構成されている。

日本の国土は⑥_____と⑦_____が多い。また、複数のプレートが重なっているため、⑧_____がよく起こることでも知られている。

日本の気候は季節風の影響を受け、夏は⑨_____側で⑩_____が多い。東京の平均気温の一番低い月は⑪____月で約5℃、平均気温の一番高い月は⑫____月で約27℃である。

総人口は約⑬_____人だが、最近は少子⑭_____化による人口減少も進んでいる。

また、日本の工業で代表的な自動車産業は⑮_____県でもっとも発展しており、米の代表的な産地としては、生産量が多い順に⑯_____、⑰_____、⑱_____が挙げられる。

日本の代表的な世界遺産は、⑲_____や⑳_____などである。

76

Ⅳ 社会人基礎力

1 プレゼンテーション　79

2 チームビルディング　89

3 ケーススタディ①　95

4 ケーススタディ②　99

5 報告・連絡・相談（報・連・相）　103

社会人として必要な基本的な知識や考え方、習慣を学びましょう！

Ⅳ 社会人基礎力

1 プレゼンテーション　Presentation

何のために学ぶか

1 業務上で必要となるプレゼンテーションのノウハウを知り、実践する
   Knowing and practicing the necessary know-how for business presentations
2 プレゼンテーションで必要な表現を身につける
   Acquiring the expressions necessary for presentations

構成

1. プレゼンテーションとは
2. プレゼンテーションの準備
3. 発表
4. 課題（ふり返り）

達成目標チェック

自信あり
☐ 提案や企画をまとめ、プレゼンテーションでわかりやすく説明することができる
You are able to summarize suggestions and projects and explain them in an easily understandable way during presentations.

この課で覚える25の言葉

プレゼンテーション	ノウハウ	実践	提案	企画
情報伝達	聞き手	提示	発表者	アイコンタクト
リアクション	フォローアップ	誘致	質疑応答	序論
本論	謝意	所要時間	取捨選択	原稿	清聴	目次
誤字脱字	時間配分	イントネーション		

1　プレゼンテーションとは

▶ プレゼンテーションについて学びましょう。

　プレゼンテーション（以降「プレゼン」と略す）とは「情報伝達」の一種で、聞き手に対して「情報、企画、提案」などを提示して説明することです。発表者は言葉だけではなく、「声の調子、態度、アイコンタクト、表情」などで熱意を伝えることが大切です。聞き手はプレゼンによって「関心・理解・同意」などのリアクションを起こし、発表者はそれに応えることでフォローアップを行います。

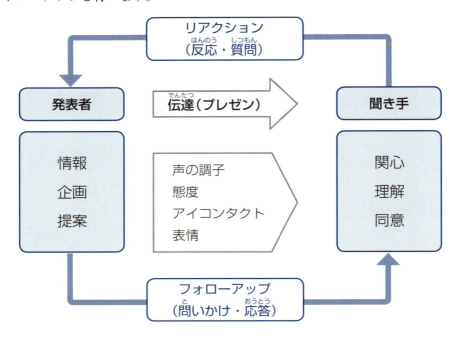

2　プレゼンテーションの準備

▶ 次のステップに従ってプレゼンの準備をしましょう。

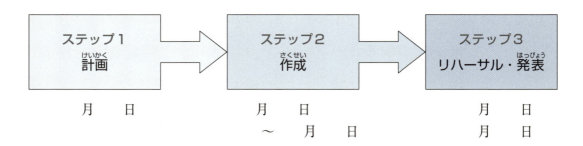

ステップ1　計画

▶ まずプレゼンの計画をしましょう。例に沿って、下の表を完成させましょう。

❶ テーマ　今回のプレゼンのテーマは？	
	例　留学生誘致

❷ 目的　何のためのプレゼンか？	
＿＿＿＿＿＿＿＿＿＿＿＿＿＿＿＿＿＿＿＿＿＿＿ため	例　県庁職員になったと仮定し、県の活性化に向け、留学生に定住（就職、進学など）を促すため

❸ 会場　広さは？　どのような場所か？	
	例　会議室 （留学生フェスティバルの会場）

❹ 聞き手　どのような人たちか？　人数は？	
	例　留学生20人

❺ 持ち時間	
	例　発表15分＋質疑応答5分

❻ 内容　❷目的と❹聞き手を考え、伝えたいことは？	
● ● ● ●	例　●アクセス　　　●就職のための情報 　　●県の基本情報　●進学のための情報 　　●生活の情報　　●その他

❼ 調査方法　発表するためのデータや資料を集める	
● ● ● ●	例　●県の情報をインターネットで検索 　　●アンテナショップを見に行く 　　●地図、書籍を見る 　　●その他

ステップ2　作成

▶ 次に実際の発表の内容を作成しましょう。

発表は以下のような構成になります。

15分で行う場合の例

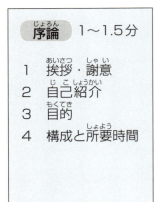
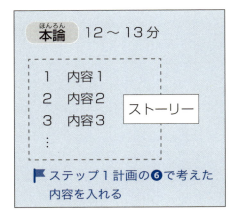
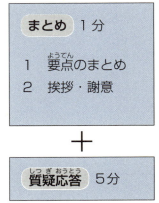

- **序論**　プレゼンのスタートを告げる部分です。挨拶、来場のお礼（謝意）、発表者の紹介、プレゼンの目的、構成と所要時間について述べます。

- **本論**　プレゼンの中心となる部分です。何を伝えたいのか、目的と聞き手を考えた「ストーリー」を展開します。

> **ストーリーの作り方**
> ① プレゼンの目的を明確化する
> ② 目的を達成するために必要な要素を挙げる
> ③ 要素を聞き手に印象的・効果的に伝わる順に並べる
> ④ ストーリーの流れを見て、必要があれば要素の取捨選択をする

- **まとめ**　最後に全体をふり返り、プレゼン内容を聞き手の心に印象づける部分です。要点をまとめ、最後まで聞いてもらったことへのお礼（謝意）と終了の挨拶を述べ、引き続き質疑応答に入ります。

▶ プレゼン全体の流れをつかむために、「構成案」を作成しましょう。

プレゼンテーション　構成案（グループの場合）

テーマ	リーダー
	メンバー

所要時間： 発表_____分＋質疑応答_____分

1		担当（　　　　　　）	持ち時間（　　）分
挨拶		何を話すか	

2		担当（　　　　　　）	持ち時間（　　）分
内容1		何を話すか	

3		担当（　　　　　　）	持ち時間（　　）分
内容2		何を話すか	

4		担当（　　　　　　）	持ち時間（　　）分
内容3		何を話すか	

5		担当（　　　　　　）	持ち時間（　　）分
まとめ		何を話すか	

Ⅳ 社会人基礎力──1 プレゼンテーション

▶ プレゼンで役立つ表現を使い、原稿を作成しましょう。

プレゼンで役立つ表現

挨拶・謝意		・{皆さん／皆様}、こんにちは。本日は{こうしてお時間をいただき／お忙しいところお越しいただき}ありがとうございます。
自己紹介		・私は○○[所属]の○○[名前]と申します（1人の場合）。 ・こちらは○○[名前]、隣は○○[名前]、そして私は○○[名前]です（グループの場合）。 🚩最後に自分が名乗る。
目的		・本日は皆さんに、……ために、～について{紹介／お話し／説明}いたします。
構成と所要時間		・はじめに、……について、続いて、……について、その次に……／全体で～分ぐらいで{紹介／お話し／説明}いたします。
内容	切り出し	・それではまず、私、○○[名前]から（グループの場合）……について{ご紹介／お話し／説明}いたします。
	注目のさせ方	・こちらの{スライド／資料／グラフ}をご覧ください。これは……
	要点のまとめ方	・1つ目は……、2つ目は……、3つ目は……です。
	ポイントの示し方	・……の{魅力／特徴／メリット}は、何と言っても～です。
	2way Communicationの取り方🚩	・皆さんは……でしょうか／……についてご存じでしょうか／……についてどのようなイメージをお持ちでしょうか。
	結び	・ここまで、……について説明いたしました。
	引き継ぎ（グループの場合）	・次に、○○[名前]より、……についてお話しいたします。
挨拶・謝意		・これで、……のプレゼンテーションを終了します。ご清聴ありがとうございました。
質疑応答	質問の受け方	・何かご質問がありましたら、よろしくお願いいたします。
	答え方	・その点につきましては…… ・お調べして、後ほど回答させていただきます。

🚩話し手と聞き手がお互いに会話のやり取りをしながらコミュニケーションを図ること。

プレゼン原稿例

序論

挨拶・謝意
皆さん、こんにちは（全員で礼）。本日は、留学生フェスティバルの中で、こうしてお時間をいただきありがとうございます。

自己紹介
私たちは千葉県の県庁から参りました。こちらは環境保全部のコウ、隣は産業誘致部のチェ、そして私は広報部のマルコと申します。

目的
本日は皆さんに、千葉県に行ってみたい、住んでみたいと思っていただくために、千葉県の魅力について紹介いたします。

構成
はじめに、県の基本情報とアクセスについて、続いて、生活の情報について、その次に……

所要時間
全体で15分ぐらいで説明いたします。

本論

内容1
それではまず、私、マルコから県の基本情報とアクセスについて紹介いたします。
さて、皆さんは、千葉県にいらっしゃったことはありますか（中略）。こちらのスライドをご覧ください。

> スライドに関する説明をする

ここまで千葉県の基本情報とアクセスについて説明いたしました。では次に、環境保全部のコウより、生活の情報についてお話しいたします。

内容2
コウです。続きまして、……について説明します。
こちらのグラフをご覧ください。これは……を表しています。千葉県の魅力は、何と言っても……です。
（中略）。このグラフから……ということがわかります。（以下略）

まとめ

要点のまとめ
千葉県の強みは3つあります。1つ目は……、2つ目は……、3つ目は……です。

🚩 一番伝えたいメッセージを入れる。

挨拶・謝意
千葉県のこれからの発展には、留学生の皆さんの力が必要です。私たち一同、皆さんのお越しを心よりお待ちしております。これで、千葉県の誘致プレゼンテーションを終了します。ご清聴ありがとうございました。

質疑応答
何かご質問がありましたら、よろしくお願いいたします。

▶ 例を参考にして、スライドを作成しましょう。

スライド作成のツールとして「PowerPoint」や「Google スライド」などがあります。

スライド例

• 表紙を作成する

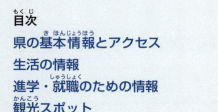

• 目次を作成する

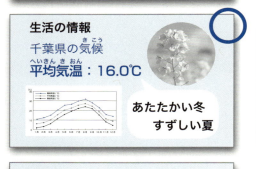

字ばかりの
スライドは
NG です！

三方を海に囲まれる千葉県では「冬に暖かく夏に涼しい」という海洋性の温暖な気候である。太平洋の暖流の影響により、冬でも霜が降りるのは稀で、そのため房総半島の南部では1月下旬～4月にかけて県花でもある「菜の花」などの花見が……。

• まとめを作成する

まとめ
千葉県の強み
1. 都心へのアクセスが便利
2. 家賃の安さ
3. 自然と都会の調和

ポイント
- 「読ませる」より「見せる」スライドにする
- 文章はなるべく名詞止めにする
- 効果的な図表、写真などを入れる
- 強調したいことを目立たせる（色を変える、太字にする、アニメーション効果を使うなど）
- 統一感を持たせる（スライドデザイン、字の大きさ、フォントなど）

ステップ3　リハーサル

▶ 発表の前にはリハーサルが必要です。リハーサルをし、以下の点をチェックしましょう。

		✓
スライド	誤字脱字がなく、見やすいか	
内容	重要なポイントが伝えられているか	
時間配分	時間内に終えることができるか	
声の大きさ・話すスピード	適切な大きさとスピードか	
発音・イントネーション	正しい発音とイントネーションか	
パフォーマンス	「自分の言葉」として伝えているか	
	発表者の立っている位置は適切か	
	アイコンタクトをとっているか	
	聞き手との 2way communication があるか	
	適当な間をとり、重要な内容を強調したり注目させたりしているか	
	発表者以外のメンバーがよそ見をしていないか	

🚩 以下の点にも注意しましょう。

3 発表

▶ ステップ1で立てた計画に基づいて、プレゼンを実施しましょう。

4 課題（ふり返り）

▶ ワークシートに記入し、よかった点、改善点をふり返り、プレゼン力の向上を目指しましょう。

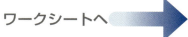
ワークシートへ

コラム

もし機械にトラブルが生じたら?!

　プレゼンの本番中、もし機械にトラブルが生じたらどうしますか。
　準備段階で機械のチェックをしておくことはもちろんですが、発表の最中に突然機械の調子が悪くなる可能性もあります。
　そのような時にもあわてずに、無事プレゼンを成功させるために以下のような対応が考えられます。

1　メンバーが複数の場合は全員で協力し合う。機械に強いメンバーが対処し、その間、他のメンバーがトークを引き受け、間を持たせる。
2　あらかじめスライド資料を印刷しておく。機械の修復が不可能な場合に配布する。

　不測の事態に備えておけば、プレゼンはきっとうまくいくはずです。

Ⅳ 社会人基礎力

2 チームビルディング Team-building

何のために学ぶか

1 ゲームを通じてチームビルディングを体験し、チームでよりよい結果を出すために大切なことを学ぶ
   Experiencing team-building through games and learning the important things for team-building

2 自分の状況判断能力を知る
   Knowing your own judgment ability

構成

1. コンセンサス（合意）ゲームについて
2. ゲーム「月面生き残り作戦」
3. 結果発表
4. 課題（ふり返り）

達成目標チェック

自信あり
□ 良好なチームワークを形成するために必要なコミュニケーションができる
You are able to communicate with others in order to establish good teamwork.

 この課で覚える 14 の言葉

チームビルディング	状況判断	コンセンサス	合意
形成	プロセス	バックグラウンド	把握	採点
多数決	心がける	遠慮	納得	批判

1 コンセンサス（合意）ゲームについて

▶ ゲームを通して、メンバーがチームになっていくプロセス（チームビルディング）を体験してみましょう。

　これから行うゲームはアメリカの NASA が開発したものをもとに作成しました。様々なバックグラウンド（言語、文化、経験、価値観など）を持ったメンバーが、一つの目的のために、どのように話し合い、合意していくかを体験するためのゲームです。

🚩 ゲームを行う前に、2～6人ほどのチームを作っておきましょう。

2 ゲーム「月面生き残り作戦」

1 ストーリー

▶ まず、次のストーリーを読み、自分たちが置かれている状況を把握しましょう。

西暦 2025 年、あなたは宇宙船で月へ旅する □人 のチームの一員です。

🚩 あなたのチームの人数を入れましょう。

　月面着陸の途中でエンジンのトラブルが発生し、着陸はできましたが、月面にある基地から約 80km 離れたところに降りてしまいました。
　あなた方が生き残るためには、基地に向かうか、基地から救助が来てくれるまでその場で身を守るか、または着陸地と基地の間のどこかで救助隊と合流するための行動をとることが必要です。
　月の環境は地球とはまったく異なります。宇宙放射線からあなたを守る大気や磁気圏はありません。月の土は、鋭いガラス状の粒子を含んでいます。月の重力は地球の約 6 分の 1 しかありません。月の 80% 以上は大きなクレーターのできている高地です。月の気温は、夜は －193℃、昼間は 111℃ にもなることがあります。生存率は、あなたの移動手段とナビゲート能力によって変わるでしょう。食料、避難場所、水、空気という基本的なニーズを考慮する必要もあります。

2　進め方

▶ 以下の方法で進めましょう。

　次のページに 15 アイテムのリストがあります。生き残るために重要だと思う順番に、1 から 15 までランクづけしてください（最も重要→1、最も重要でない→15）。また、そのランクにした理由と、生き残るためにそのアイテムをどのように使用するかも考えてください。

1. 「採点表」を使って、初めに自分一人でランクづけをします。理由も考えます。その時、チームのメンバーと話したり、見せたりしないようにしましょう。
2. 次に、チーム全員で自由に話し合ってランクづけをします。決定方法はメンバー全員の「合意」によること。多数決ではありません。
3. 各チームで考えた結果を発表します。
4. 模範解答をもとに採点します。

3　心がけること

- 自分で決めた順位に自信がなくても、遠慮しないで自分の意見をメンバーに伝えましょう。
- 意見を変える時は納得してからにしましょう。簡単に人の意見に合わせず、十分に話し合いましょう。
- 他のメンバーと意見が違っても、批判したりけんかしたりしないようにしましょう。

4　採点方法

▶ 以下の方法で採点しましょう。

1. 「NASA の専門家による模範解答の 1 つ」（別冊解答 p.5）を見て、**採点表**の「模範解答のランク」に記入します。
2. 「模範解答のランク」から「あなたのランク」の数を引いて、「あなたの失点」に記入します。
　例えば、模範解答が「12」であなたの解答が「9」の場合、「12−9 = 3」となり、3 点が「失点」となります。
　「9−12 = −3」でも、3 点が失点です。＋−は問わず、2 つの差で計算します。
3. 「模範解答のランク」から「チームのランク」の数を引いて、「チームの失点」に記入します。
4. 「あなたの失点」と、「チームの失点」を比べます。
　チームの失点の方が少なければ、「合意」の効果が表れているということです。
5. 各チームの結果を比べます。
　失点がより低いチームが、チームビルディングを成功させたチームです。

5　15のアイテム

▶ 15のアイテムを確認し、生き残るために必要だと思うものから順に1（最も重要）～15（最も重要でない）のランクをつけましょう。

採点表

アイテム	あなたのランク	選んだ理由	チームのランク	選んだ理由	模範解答のランク	あなたの失点	チームの失点
ライフボート							
酸素タンク2本							
宇宙用ブランケット							
ポータブルライト							
信号を送る鏡							
38ℓの水							
救急セット							
食料							
磁気コンパス							
無線送受信機							
月面の地図							
15mのロープ							
パラシュート							
宇宙服修理キット							
マッチの入った箱							
合 計							

Ⅳ 社会人基礎力──2 チームビルディング

3 結果発表

▶ あなたの失点と、チームの失点はどの範囲に入るか、確認しましょう。

```
0〜25点  : 優秀
26〜32点 : よい
33〜45点 : まあまあよい
46〜55点 : セーフ

56〜70点 : 残念
71点〜   : よく考えましょう
```

　結果はどうでしたか。チームの合意の効果はありましたか。専門家の解答と大きく違った場合や、個人の点数よりチームの点数が低かった場合は、どこに問題があったのかチームメンバーと話し合ってみましょう。

　このゲームは、実はよい成績を出すことが一番の目的ではありません。それよりも、チームの中で意見を出し合い、どのように合意を得たかのほうが重要です。もし成績がよくても、決定に不満を持っているメンバーがいたとしたら、そのチームは決してまとまりのあるよいチームになったとは言えません。

　職場や社会において、多様な価値観を認め合いながら、問題解決を目指すには、どのようにコミュニケーションを取ったらいいのでしょうか。ワークシートを使いながら、ふり返りをしてみましょう。

🚩 1人でこのゲームをやった場合は、自分の点数から状況判断能力を測ることができます。

4 課題（ふり返り）

▶ ワークシートに記入しましょう。

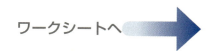
ワークシートへ

参考文献： NASA　Exploration: Then and Now
　　　　　ゲームの設定部分の一部に変更を加えています。また「採点方法」「結果発表」は原文を元に、学習者にわかりやすいよう変更をしています。

IV 社会人基礎力

3 ケーススタディ ① Case Study (1)

何のために学ぶか

1. ビジネス場面で起こったケース（仕事の進め方の問題）を読み、当事者の立場で考える
   Reading cases that occurred in business situations (about how to progress with work) and thinking from the position of each of the other parties

2. グループディスカッションを通し、様々な考え方があることを知り、視野を広げる
   Through group discussions, knowing that there are various ways of thinking, broadening your horizons

構成

1. ケース読解
2. ケースに関する話し合い
3. タスク
4. ふり返り

達成目標チェック

自信あり
□ ビジネス場面で問題が起きた時、解決策を見出すことができる
When problems occur in business situations, you are able to find a solution.

🌸 この課で覚える15の言葉

ケーススタディ	当事者（とうじしゃ）	ディスカッション	視野（しや）
解決策（かいけつさく）	見出す（みいだす）	上司（じょうし）	専門商社（せんもんしょうしゃ）	交渉（こうしょう）	通訳（つうやく）
翻訳（ほんやく）	会食（かいしょく）	取引先（とりひきさき）	下書き（したがき）	席を外す（せきをはずす）

1 ケース読解

▶ 次のケースを読みましょう。

上司の命令

　ヤンさんは中国出身の女性で、日本の専門商社に入社して1ヶ月ほどになりました。ヤンさんは、来日する前に、既に中国で日本語能力試験N1に合格し、日系の企業に2年ほど勤務していました。また、今の会社に入る前も、日本語学校で1年間ビジネス日本語を勉強していたので、高いレベルの日本語能力を身につけています。今の会社では、中国の取引先との交渉や通訳、書類の翻訳、また日本の関連会社とのやり取りも担当することになりました。

　ある日、午後5時を過ぎたころ、課長の寺田さんから、「N商事の大島部長に、今日のお昼の会食のお礼のメールを書いてほしいんだけど。一応、下書きを書いて、私に見せてから送ってね」と言われました。N商事は、長年付き合いのある取引先で、大島部長は、今日、課長の寺田さんと今回N商事の担当になったヤンさんを、食事に招待してくれたのです。

　ヤンさんは、早速お礼のメールを書きはじめました。この会社に入社してから取引先に自分で日本語のメールを書くのは初めてでしたが、以前の会社でもよくメールを書いていましたし、ちゃんと書ける自信がありました。そして、下書きを書き終え、課長に見せに行きました。

　しかし、課長は席を外していて、退社時間の6時を過ぎても戻って来ませんでした。ヤンさんは今晩、友達と約束があり、早めに退社しようと思っていました。メールも間違いはないと自信がありましたし、明日送るより今日中に送ったほうがいいと思ったので、寺田課長をCcに入れて、大島部長に送りました。

　翌日、ヤンさんが出社すると寺田課長に呼び出されて、「<u>どうして勝手に大島部長にメールを送っちゃったの。私に見せてから送ってと言ったでしょう</u>」と、怒られました。ヤンさんは、自分で十分にメールを見直したことや、課長が席を外していていなかったこと、早く送ったほうがいいと思ったことなどを課長に説明しました。すると課長は、「ヤンさんの言うこともわかるけれど、まずは私が指示した通りにしてくれないと。それにメールも文法の間違いはなかったけれど、『料理も十分においしく、

大変満足しました』っていう言い方ね、ちょっと……相手に失礼だよ」と言いました。
　ヤンさんは、課長が指示を守ることをそれほど重要に思っていることや、自分では丁寧に書けたと思っていたメールが実は失礼だったと聞いてとてもショックを受け、自信をなくしてしまいました。ヤンさんはどうすればよかったのでしょうか。

2 ケースに関する話し合い

別冊解答 p.6

▶ 以下の❶〜❹について、まず自分で考え、それからグループで話し合いましょう。グループの人の意見を〈他者の意見〉にまとめ、比べてみましょう。

❶ 「どうして勝手に大島部長にメールを送っちゃったの。私に見せてから送ってと言ったでしょう」と言った時、寺田課長はどんな気持ちだったでしょうか。

〈自分の意見〉	〈他者の意見〉

❷ そう言われた時、ヤンさんはどんな気持ちだったでしょうか。

〈自分の意見〉	〈他者の意見〉

❸ 『料理も十分においしく、大変満足しました』
　この言い方がなぜよくないのでしょうか。どのように言えばいいのでしょうか。

❹ このような状況になってしまったのは、なぜでしょうか。考えられる問題点をできるだけ挙げなさい。また問題点についてどうすればいいでしょうか。

〈問題点〉	〈どうすればいいか〉
課長	課長
ヤンさん	ヤンさん

3 タスク

別冊解答 p.6

▶ 考えて書きましょう。

　寺田課長が戻って来ないので、ヤンさんはメールをN商事に送らずに、寺田課長にメモを残して帰ることにしました。どのようなメモがいいですか。

4 ふり返り

▶ このケーススタディを通して、あなたはどんなことに気がつきましたか。

Ⅳ 社会人基礎力

4 ケーススタディ ② Case Study (2)

何のために学ぶか

1 ビジネス場面で起こったケース（慣習の違いによる問題）を読み、当事者の立場で考える
   Reading cases that occurred in business situations (problems due to differences in customs) and think in the position of the other parties

2 グループディスカッションを通し、様々な考え方があることを知り、視野を広げる
   Through group discussions, knowing that there are various ways of thinking, broadening your horizons

構成

1 ケース読解
2 ケースに関する話し合い
3 タスク
4 ふり返り

達成目標チェック

自信あり
☐ ビジネス場面で問題が起きた時、解決策を見出すことができる
   When problems occur in business situations, you are able to find a solution.

この課で覚える15の言葉

| 慣習 | 歓迎会 | 拡大 | 増員 | 配属 | 転職 | 送別会 |
| 一体感 | 一環 | 残業代 | 援助 | 駐在 | 懇親 | 雰囲気 |
| 特別扱い |

1 ケース読解

▶ 次のケースを読みましょう。

新人の歓迎会

　私、小林はAB商事で営業部の課長をしています。業務の拡大に伴って増員を要求していたところ、今年4月に二人が配属されることになりました。一人は他のメーカーから転職してきた田中君で、もう一人は香港から日本の大学に留学してその後ビジネス日本語を学んだというジェイソン君です。配属後すぐ二人に「さっそく君たちの歓迎会をやろうと思うが、金曜日の夜7時はどうか」と声をかけたところ、ジェイソン君から「業務時間外は困ります。それにお酒は好きではないし、仕事とプライベートは分けたいので、歓迎会はいりません」という言葉が返って来ました。

小林：どの部署でも歓迎会や送別会は慣習としてやっているんだが、チームの一体感を高めるためなんだ。その意味では仕事の一環と思ってもらいたい。
J　：でも仕事なら残業になりますけど、残業代は出ないですよね。
小林：残業代は出ないけど、当日の飲食代は会社から援助が出るんだ。
J　：仕事が終わったあとはプライベートの時間を楽しみたいです。
小林：そうか、では今回は田中君のみの歓迎会となるが、それでもいいのか。
J　：それでも構いません。

　「なんだ、こいつは！」と思いながらジェイソン君とのやり取りを他の社員に話したら、案の定、「新人のくせにそんな偉そうなことを言うヤツの面倒はみるもんか。だいたい課長も甘すぎる」といった声がありました。そんな中でアメリカ駐在を経験している木村君から「例えばランチタイムや業務時間内に懇親の機会を設けてはどうでしょう。アメリカでは誕生会とか歓迎会をオフィスで勤務時間内にやることもありますよ」という発言がありました。
　私としては社会経験の少ない、しかも外国人社員には早く課の雰囲気に溶け込んでもらいたいので歓迎会は必要だと思うのですが、一人だけ特別扱いすることもよくないので、従来の慣習どおりの歓迎会としたいのです。課の雰囲気が悪くなるのが心配です。

2 ケースに関する話し合い

別冊解答 p.6〜7

▶ 以下の❶〜❸について、まず自分で考え、それからグループで話し合いましょう。グループの人の意見を〈他者の意見〉にまとめ、比べてみましょう。

❶ ジェイソン君は「歓迎会をやりたい」と言われた時、どんな気持ちだったでしょうか。

〈自分の意見〉	〈他者の意見〉

❷ 小林さんは、なぜ歓迎会を金曜日の夜7時からやりたいと言っているのでしょうか。

〈自分の意見〉	〈他者の意見〉

❸ 二人の主張がすれ違ってしまったのは、なぜでしょうか。考えられる問題点を挙げなさい。また問題点についてどうすればいいでしょうか。

〈問題点〉	〈どうすればいいか〉
ジェイソン君	ジェイソン君
小林さん	小林さん

3 タスク

別冊解答 p.7～8

▶ 会話を考えて書きましょう。

❷-❸の改善策を踏まえて、小林さんとジェイソン君になって実際に会話を考えて完成させましょう。

> 小林： ジェイソン君、ちょっといいかな。
> Ｊ　： はい、何でしょうか。

4 ふり返り

▶ このケーススタディを通して、あなたはどんなことに気がつきましたか。

Ⅳ 社会人基礎力

5 報告・連絡・相談（報・連・相）
Report, contact, consultation

何のために学ぶか
職場でのコミュニケーションの基本「報告・連絡・相談」を理解する
Understanding the basics of communication at the workplace: "reporting, contacting, consultating"

構成
1. 報・連・相とは
2. 報・連・相のタイミングと相手
3. タスク
4. ふり返り

達成目標チェック

自信あり
☐ 仕事上で、何を「報告・連絡・相談」するべきか、判断できる
You are able to judge what to "report, contact and consult" at work.

この課で覚える15の言葉

| 報告 | 連絡 | 相談 | 共有 | 遂行 | 進捗状況 | 先輩 | 部下 |
| 同僚 | 得意先 | クレーム | 至急 | 出向く | 遅延 | 始業時間 |

1 報・連・相とは

▶ ビジネスで大切な「報・連・相」とは何でしょうか。以下を読んで確認しましょう。

「報・連・相」とは「報告・連絡・相談」の略で、職場での大切なコミュニケーションのことです。皆が同じ目標に向かって仕事をするために、報・連・相によって情報を共有することが必要です。

報・連・相がうまくできなければ、皆の意識の統一ができず、皆で同じ方向に進めないため、人数分の成果が上げられません。

報・連・相は仕事を遂行するために、なくてはならないコミュニケーションです。

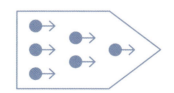

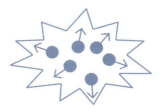

2 報・連・相のタイミングと相手

▶ 「いつ・だれに・何を」するのか、確認しましょう。

報告
仕事の進捗状況や結果を、業務の指示をした上司や先輩に知らせる。その他、トラブルやクレームなどが発生した場合も、直ちに報告しなくてはならない。

連絡
共有すべき情報を、関係者に伝える。どの範囲の人まで情報を共有したらよいかなど、初めは先輩に確認する。連絡は、上司からすることも部下からすることもある。

相談
わからないことや判断に迷うことがあった場合に、上司や先輩、同僚に意見を聞いたりアドバイスをもらったりする。一人で考え込んだり自分だけで判断したりせずに必ず相談し、相談した相手には必ず結果を報告する。

3 タスク

別冊解答 p.8〜9

▶ 以下の❶〜❺のケースの問題点を挙げ、その理由と改善方法を考えてみましょう。まず自分で考え、それからグループで話し合いましょう。

❶ 課長から新商品をお客様にプレゼンテーションするように水曜日に指示された。プレゼンは翌週の水曜日だったので、その前日にプレゼンのスライドを完成させて課長に見せに行った。

　1　問題点　　2　その理由　　3　改善方法

❷ 得意先からクレームの電話があり、至急出向いて対応した。自分でちゃんと解決できたと思ったので、上司には報告しなかった。翌日、得意先から上司に対応へのお礼の電話があり、その後、上司に呼ばれて注意を受けた。

　1　問題点　　2　その理由　　3　改善方法

❸ お客様からオフィスの引っ越しで来月から住所が変わるとメールがあった。担当は自分で、その上休眠顧客（しばらく取引がないお客様）なので、自分が知っていればよいと思い、誰にも連絡しなかった。

　1　問題点　　2　その理由　　3　改善方法

Ⅳ 社会人基礎力 ── 5 報告・連絡・相談（報・連・相）

❹ 朝、出勤で乗っていた電車が遅延していたが、車内は満員で電話もメールもできる状況ではなかった。途中の駅で降りればできたが、もっと遅れると思い、降りずに目的の駅まで乗っていたら、着いた時には始業時間を過ぎていたので、急いで上司に連絡した。

1 問題点　　2 その理由　　3 改善方法

❺ 入社して研修も終わり1ヶ月たったが、電話応対がうまくできない。すっかり自信をなくし、電話がかかってくると逃げたくなる。社内には外国人社員は自分一人で、親しい人もいない。このままでは周囲に迷惑をかけるばかりなので、会社を辞めたほうがいいのではないかと悩んでいる。

1 問題点　　2 その理由　　3 改善方法

4 ふり返り

▶ この課を通して、あなたは「報・連・相」について、どんなことが重要だと思いましたか。

V 仕事の日本語力

1 敬語 109

2 挨拶 117

3 電話 受ける 123

4 電話 かける 133

5 電話 アポイントを取る 143

6 訪問 149

7 会議 161

8 ビジネスメール 167

就活の時や就職後、すぐ役立つビジネス場面での日本語を学びましょう!

Ⅴ 仕事の日本語力

1 敬語 Polite language

何のために学ぶか

仕事をするうえで必要な敬語を確認する
Confirming the necessary polite language for work

構成

1. 敬語の種類と形
2. ビジネスでよく使われる丁寧な表現
3. 言いかえ練習

達成目標チェック

自信あり
□ ビジネスでよく使われる敬語表現がわかる
You are able to understand honorific expressions often used in business.

🌼 この課で覚える 11 の言葉

| 敬語(けいご) | 丁寧な(ていねいな) | 尊敬語(そんけいご) | 謙譲語(けんじょうご) | 丁寧語(ていねいご) | 多忙な(たぼうな) |
| 依頼(いらい) | ご無沙汰(ごぶさた) | 来客(らいきゃく) | 承知(しょうち) | 配慮(はいりょ) | |

1 敬語の種類と形

▶ 敬語の形を確認しましょう。

敬語は仕事をするうえで必要なものです。敬語がうまく使えると、あなたが相手に与える印象もよくなります。🚩（動-ます）は動詞のます形で、接続の時「ます」がない形。

種類／内容		形	例
尊敬語 相手を高めて言う表現	動詞	❶ 特殊形（→p.111 表1）	召し上がる、いらっしゃる、なさる、ご覧になる
		❷ お＋（動-ます）＋になる （→p.111 表2）	お会いになる、お書きになる
		❸ 受身の形	帰られる、読まれる
		❹ お＋（動-ます）＋です	「お客様がお待ちです」 「課長はもうお帰りですか」
	い・な形容詞	お／ご＋（い形容詞）＋（です） （な形容詞）	お忙しい、お好きな、ご多忙な
	名詞	❶ 家族・所有物（限られたもの）	ご子息、ご令嬢、お車、お写真
		❷ 行為を表す名詞	ご指示、ご連絡、ご依頼、お返事 🚩限られた言葉にしか用いられない
謙譲語 自分や自分側を相手に対して低めて言う表現	動詞	❶ 特殊形（→p.111 表1）	いただく、伺う、いたす、拝見する
		❷ お／ご＋（動-ます）＋する／いたす	「お持ちします」 「ご説明いたします」
丁寧語 改まった気持ちで言葉遣いを丁寧にする表現	❶ 語頭　お／ご＋名詞		お水、お酒、お電話 ご飯、ご無沙汰、ご返信 🚩「お返事・ご返事」は、どちらもOK
	「お／ご」がつきにくい名詞	・カタカナ語　×おノート、おメール ・公共物　×お駅、お道路 ・一般的につかないもの　×お書類、ご新聞	
	❷ 「です」の丁寧語　～でございます		「こちらが資料でございます」
	❸ 「ある」の丁寧語　ございます		「左手に銀行がございます」
	❹ 立場が上の人に対しての指示・依頼 お＋（動-ます）＋ください ／いただけますか		「こちらにおかけください」 「こちらでお待ちいただけますか」

表1 特殊形

	尊敬語	謙譲語
会う		お目にかかる
言う	おっしゃる	申す、申し上げる
行く・来る	いらっしゃる　おいでになる　お越しになる	まいる
いる	いらっしゃる	おる
思う		存じる
聞く（噂・評判などを）		伺う
着る	お召しになる	
知っている	ご存じです	存じている
する	なさる	いたす
たずねる（質問する）		伺う
たずねる（訪問する）	いらっしゃる	伺う
食べる・飲む	召し上がる	いただく
寝る	お休みになる	
見る	ご覧になる	拝見する
もらう		いただく

表2 「お＋（動-ます）＋になる」の形が使えない動詞

「行きます」	× お行きになります　○ いらっしゃいます／行かれます
「言います」	× お言いになります　○ おっしゃいます／言われます
「寝ます」「着ます」「見ます」 　　　　1音節 「ます」の前が1音節の動詞 🚩音節とは、ローマ字で書いた時の母音文字の数のこと。 　例 寝ます ne-masu 　　（「ます」の前は1音節）	× お寝になります　○ お休みになります × お着になります　○ お召しになります × お見になります　○ ご覧になります

確認問題

別冊解答 p.9

▶ 正しいのはどちらでしょうか。適切な言葉を選んで練習しましょう。

❶ レストランで

リン　店長さんはいらっしゃいますか。
店長　はい、私が店長の鈴木（a. でいらっしゃいます　b. でございます）が。
リン　今日7時からパーティーを予約しているんですが。
店長　あ、リン様（a. でいらっしゃいます　b. でございます）ね。
リン　ええ、そうです。

❷ 社内で

課長　リンさん、明日3時からの営業会議、出席できるかな。
リン　すみません。その時間は来客や他の打ち合わせで、ちょっと（a. 忙しくて　b. ご多忙で）……。
課長　そうか、わかった。それじゃ、この資料を8人分、お願いします。
リン　はい、承知しました。（a. おコピー　b. コピー）をしておきます。
課長　よろしくお願いします。では、私はお先に。
リン　あ、（a. お帰りです　b. お帰りします）か。お疲れ様でした。

❸ お客様を案内する

社員　お待たせいたしました。（a. ご案内なさいます　b. ご案内いたします）。

❹ 外出先で

リン　すみません、ちょっとペンを（a. お借りしたい　b. 借りていただきたい）のですが。
受付　どうぞ、こちらを（a. お使い　b. 使わせて）ください。

❺ ジョブフェア会場で

受付　本日のジョブフェアはどちらで(a. お聞きしました　b. お聞きになりました)か。
学生　はい、学校のイベントの (a. スケジュール　b. ごスケジュール) で確認しました。

❻ 大学の事務局で

学生　田中教授のゼミをとりたいんですが。
事務員　もう (a. お申し込みになりました　b. お申し込みしました) か。
学生　いえ、まだです。
事務員　ではこちらに (a. お書きしてください　b. お書きください)。

❼ 取引先を訪ねる上司に

リン　部長、新商品のカタログを (a. 持って伺いますか　b. お持ちになりますか)。
部長　ああ、そうだね。持って行こうかな。

🚩「お持ちになる」＝「持って行く／持って来る」の特別な敬語表現。

❽ 取引先で

リン　その件については、弊社の (a. 部長の山川　b. 山川部長) がご説明に
　　　(a. うかがう　b. いらっしゃる) と申しております。
佐藤　えっ、山川部長がおいでくださるんですか。ありがとうございます。

🚩社内の人（ウチ）のことを社外の人（ソト）に話す時は、謙譲表現を使う。

2 ビジネスでよく使われる丁寧な表現

別冊解答 p.9

▶ 表の言葉を、ビジネスで使われる形に直しましょう。

ビジネスや改まった場面では、より丁寧な表現を使います。問題を考えながら覚えましょう。

わたし	①	あさって	⑫
相手の会社	②	この前	⑬
自分の会社	③	さっき	⑭
（相手の会社の）○○部の人	④	あとで	⑮
（自分の会社の）○○部の人	⑤	じゃあ	⑯
だれ	⑥	やっぱり	⑰
（相手の会社の）みんな	⑦	いいですか	⑱
どこ／どれ／どっち	⑧	どうですか	⑲
ここ／これ／こっち	⑨	すみません（謝罪）	⑳
今日	⑩	わかりました	㉑
あした	⑪	ちょっと待ってください	㉒

▶ 丁寧な表現にして下線部に書きましょう。

その他の丁寧な表現

（動-辞）＋ので → （動-ます）＋ので

❶ 調べる＋ので＋待ってください ⇒ ＿＿＿＿＿＿＿＿＿＿、お待ちください

（名・な形）＋（な）ので → （名・な形）＋ですので

❷ 締め切りは明日＋なので＋急いでください
⇒ 締め切りは ＿＿＿＿＿＿＿＿＿＿、お急ぎください

（動-た）＋ら → （動-ました）＋ら

❸ できたら＋電話してください ⇒ ＿＿＿＿＿＿＿＿＿＿、お電話ください

（名・な形）だったら → （名・な形）でしたら

❹ 水曜日だったら＋大丈夫だ ⇒ ＿＿＿＿＿＿＿＿＿＿、大丈夫です

3 言いかえ練習

別冊解答 p.10

▶ 敬語を使って下線部を言いかえましょう。

場面1　採用面接での会話

❶ 受付で挨拶をする

「〇〇(1)と言いますが、(2)今日(3)ここの面接に(4)来ました。場所は(5)どこですか。」

❷ 面接で質問を受ける

Q1　いつ頃から日本語を勉強していらっしゃいますか。

あなた　〇年前から勉強(1)しています。

Q2　弊社のホームページをご覧になりましたか。

あなた　はい、(2)見ました。

Q3　当社の製品を何かご存じですか。

あなた　はい、(3)知っています。特に〇〇はよく使っております。

Q4　うちの会社でどのぐらい働きたいと思っていらっしゃいますか。

あなた　できるだけ長く働きたいと(4)思っています。

🚩 自分の会社のことを言うときには、「当社」「うち（の会社）」などの言い方もある。

❸ 面接で質問をする

「あの、(1)聞きたいことが(2)あるんだけど、(3)いいですか。」

場面2　取引先との電話

A　はい、渋谷物産(1)です。

B　AB商事の山本と(2)言います。お世話になって(3)います。

A　(4)こっちこそ、お世話になって(5)います。

B　○○の件で(6)電話しました。(7)担当の人は(8)いますか。

A　(9)すみません。外出して(10)いますが……。

B　そうですか。(11)じゃあ (12)戻ったら、(13)電話もらえますか。

A　(14)わかりました。(15)じゃあ、担当の(16)人が(17)戻ったら、(18)電話します。

B　よろしくお願いします。

敬語の疑問

Q　会社の先輩や上司、それから取引先の人でも、親しくなったら敬語を使わなくてもいいですか。敬語を使うと親しさが感じられないので……。

A　どんなに親しくなっても、ビジネスの場では、相手の立場に配慮して、会社の先輩や上司、取引先の人などには敬語を使うことが望ましいです。少なくとも「です・ますの形」で話しましょう。

例　先輩　　へー、そうなんだ。
　　あなた　× そうだよ。　⇒　○ はい、そうです。

　　上司　　このコピー、5時までにできる？
　　あなた　× うん、大丈夫。　⇒　○ はい、大丈夫です。

V 仕事の日本語力

2 挨拶 Greetings

何のために学ぶか

コミュニケーションの第一歩としての挨拶ができるようになる
Giving greetings as the first step of communication

構成
1. 会話例
2. ロールプレイ〈練習〉
3. ロールプレイ〈実践〉

達成目標チェック

自信あり
- [ ] 出社、退社、外出、紹介などのビジネス場面に合った挨拶ができる
  You are able to make the appropriate greetings according to business situations such as arriving at the office, leaving the office, going out, and making introductions.

自信あり
- [ ] 挨拶に合った立居ふるまいができる
  You are able to behave appropriately according to the type of greeting.

 この課で覚える13の言葉

| 挨拶 | 出社 | 退社 | 外出 | 立居ふるまい | 雑談 |
| 指摘 | 謝る | 会釈 | 口調 | 席を外す | 弊社 | 職場 |

1 会話例

▶ 適切な挨拶表現を学びましょう。

リンさんは渋谷物産営業部の新入社員です。リンさんの一日を見てみましょう。

❶ 朝、会社の入り口で上司と会う

リン　おはようございます。
山川　ああ、おはよう。
リン　(1)今日も蒸し暑いですね。〈雑談をする〉
山川　そうだね。暑い日が続くね。

❷ 仕事中に、上司にミスを指摘される

山川　リンさん、ちょっといいかな。
リン　はい。何でしょうか。
山川　この書類のここ、漢字が間違っているよ。
リン　あ、(2)申し訳ありません。すぐに直します。

❸ 社内の廊下で、他の部の部長とすれ違う

リン　(3)お疲れ様です。〈または会釈をする〉
部長　お疲れ様。〈会釈〉

❹ 会議中に遅れて部屋に入る

リン　(4)遅くなって、申し訳ありません。

❺ 会議が終わり、昼食に出かける

リン　(5)お昼に行ってきます。
同僚　いってらっしゃい。

❻ 街で取引先 AB 商事の本田さんと偶然会い、挨拶する

リン　あ、本田さん、(6)いつもお世話になっております。
本田　あ、こちらこそお世話になっております。

ポイント

(1) 天気などについて簡単な会話をする
　例 「暖かくなってきましたね」
　　「よく降りますね」
　　「寒い日が続きますね」
　　「昨日の台風はひどかったですね」など

(2) 謝る気持ちが声に表れるようにする

(3) 「こんにちは」「こんばんは」は社内の挨拶ではあまり使われない
　「お疲れ様です」も、使う会社と使わない会社があるので、その会社のやり方に合わせる

(4) 遅れて入る場合は、声の大きさ、口調、物音にも気をつける

(5) 席を外す場合は周囲にひと声かける
　例 「会議に／○○部に／休憩に行ってきます」

(6) 社外の人に対して、ビジネスでよく使われる挨拶
　ビジネスメールでも使う

❼ 昼食から会社に戻る

リン　　ただいま戻りました。
同僚　　お帰りなさい。

❽ 先輩と取引先 CD 貿易に出かけ、先輩に取引先の担当者、佐藤さんを紹介してもらう

先輩　　佐藤さん、こちらは新しく入りましたリンです。
リン　　初めまして。リンと申します。
　　　　これから御社を担当させていただきます。
　　　　どうぞよろしくお願いいたします。
佐藤　　佐藤です。よろしくお願いします。

❾ 取引先 XY 物産に出かけ、自社の山川営業部長を取引先の鈴木部長に紹介する

リン　　鈴木部長、こちらは(7)弊社の営業部長の山川です。
山川　　初めてお目にかかります。山川(8)でございます。
　　　　どうぞよろしくお願いいたします。
鈴木　　鈴木でございます。こちらこそよろしくお願いいたします。

(7) 自社の人を他社の人に紹介する場合は「 役職 の 名前 です」と言い、名前の後に「さん」をつけない

(8)「〜です」の丁寧語 → p.110

❿ 取引先から会社に戻る

リン　　ただいま戻りました。
同僚　　お帰りなさい。

⓫ 退社時、職場に残っている社員に挨拶する

リン　　(9)お先に失礼します。
社員　　(10)お疲れ様でした。

(9) 帰る時には、周りの人に必ず一声かける

(10) 社内で使う挨拶
　　「お疲れ様」と同じ意味で「ご苦労様」も使われるが、上の立場の人が下の立場の人に対してのみ使うことができる

⓬ 退社時、同僚と会社の前で別れる

リン　　お疲れ様でした。
同僚　　お疲れ様でした。

2 ロールプレイ〈練習〉

▶ 場面に合った挨拶の練習をしましょう。

あなたは渋谷物産営業部の新入社員です。習った挨拶表現を使い、□に入る言い方を考えて話しましょう。

❶ 朝、会社の入り口で上司と会う
（雑談は、天気の話をする）

　　　　　　　　　　　　　　　　　　　あなた
　　　　　　　　　　　　　　　　　　　上司

❷ 仕事中に、上司にミスを指摘される

　　　　　　　　　　　　　　　　　　　上司
　　　　　　　　　　　　　　　　　　　あなた

❸ 社内の廊下で、他の部の部長とすれ違う

　　　　　　　　　　　　　　　　　　　あなた
　　　　　　　　　　　　　　　　　　　部長

❹ 会議中に遅れて部屋に入る

　　　　　　　　　　　　　　　　　　　あなた

❺  会議が終わり、昼食に出かける

　　　　　　　　　　　　　　　　　　　　あなた
　　　　　同僚

❻  街で取引先ＡＢ商事の本田さんと偶然会い、挨拶する

　　　　　　　　　　　　　　　　　　　　あなた
　　　　　本田

❼  昼食から会社に戻る

　　　　　　　　　　　　　　　　　　　　あなた
　　　　　同僚

❽  先輩と取引先ＣＤ貿易に出かけ、先輩に取引先の担当者、佐藤さんを紹介してもらう

　　　　　　　　　　　　　　　　　　　　先輩
　　　　　　　　　　　　　　　　　　　　あなた
　　　　　佐藤

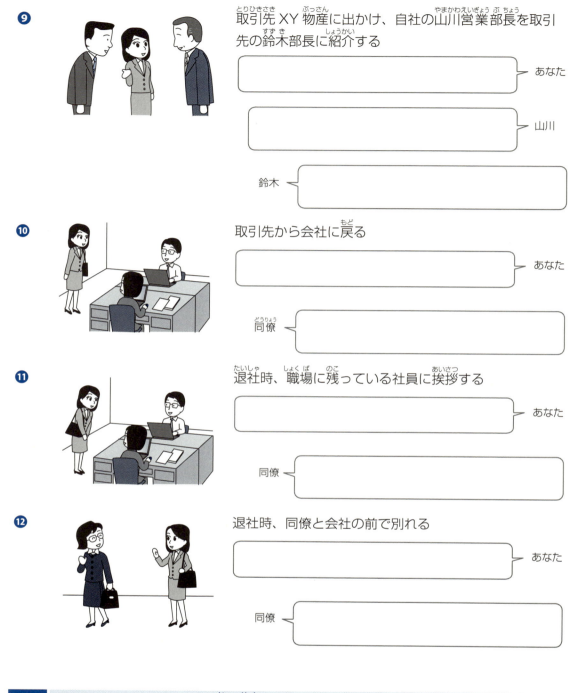

❾ 取引先XY物産に出かけ、自社の山川営業部長を取引先の鈴木部長に紹介する

あなた

山川

鈴木

❿ 取引先から会社に戻る

あなた

同僚

⓫ 退社時、職場に残っている社員に挨拶する

あなた

同僚

⓬ 退社時、同僚と会社の前で別れる

あなた

同僚

3 ロールプレイ〈実践〉

▶ 実際に動きながら挨拶してみましょう。

V 仕事の日本語力

3 電話 受ける　Telephone: Receiving a phone call

何のために学ぶか

基本的な電話応対（受ける）ができるようになる
Receiving basic phone calls

構成

1. 電話を受ける流れ
2. 会話例
3. ロールプレイ〈練習〉
4. 電話（受ける）クイズ
5. ロールプレイ〈実践〉

達成目標チェック

自信あり
□ 電話の受け答え、取り次ぎ、不在時の応対、伝言の確認ができる
You are able to answer phone calls, direct calls, answer when someone is absent, and check messages.

 この課で覚える18の言葉

電話応対	取り次ぎ	不在	取り次ぐ	かけ直す	伝言
承る	第一声	保留	復唱	直行	直帰	至急
指名	欠勤	出張	来客	外出先

1 電話を受ける流れ

▶ 電話を受ける時はどのようなケースがあるか見てみましょう。

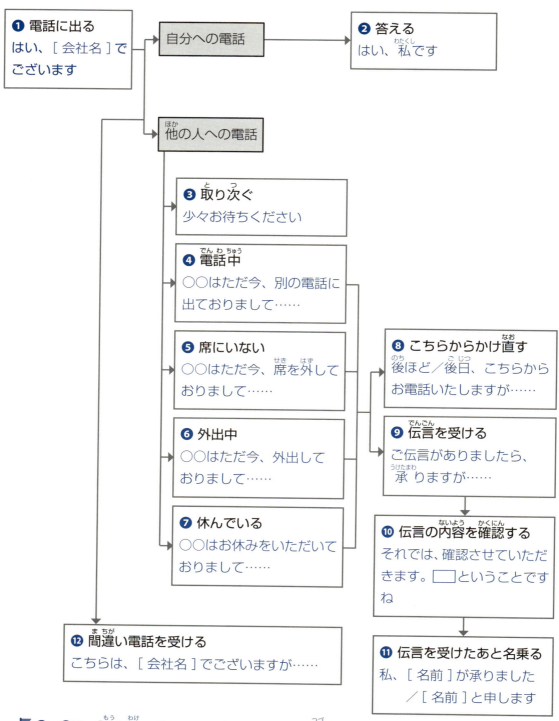

🚩 ❹〜❼は、「申し訳ございませんが」と言ってから続けた方がいい。

2 会話例

▶ 電話の受け方の例を見てみましょう。　♪音声ダウンロード

リンさんは渋谷物産営業部の新入社員です。他社から電話がかかってきた時、どのような応対をすればよいでしょうか。あなたも、リンさんになったつもりで、練習しましょう。

❶ 電話に出る

(1)電話が鳴る
リン　(2)はい、渋谷物産でございます。
本田　(3)私、ＡＢ商事総務部の本田と申します。
リン　いつもお世話になっております。
本田　こちらこそお世話になっております。

❷ 自分への電話に答える

本田　リン様、いらっしゃいますか。
リン　はい、私です。

❸ 他の人への電話を取り次ぐ

本田　山川部長、お願いできますか。
リン　(4)少々お待ちください。

❹ 他の人が電話中

本田　山川部長、お願いできますか。
リン　申し訳ございません。(5)山川はただ今、別の電話に出ておりまして……。

❺ 他の人が席にいない

本田　山川部長、お願いできますか。
リン　申し訳ございません。山川はただ今、(6)席を外しておりまして……。

ポイント

(1) 3コール以内に電話に出る

(2) 「もしもし」は言わない
　　すぐに出られなかったら、「お待たせいたしました」と言う
　　第一声は明るくはっきりと

🚩会社によっては
　[社名]＋[部署名]
　[社名]＋[部署名]＋[名前]
　と言うこともある

(3) 会社名や相手の名前を、聞いたらすぐにメモする

(4) 相手を待たせる時には電話機の保留ボタンを必ず押す

　　取り次ぐ時の言い方
　　例「山川部長、１番にＡＢ商事本田様からお電話です」

(5) 自社の人には「～さん」や役職名はつけない
　　他社の人と話す時、自社の人については目上でも尊敬語を使わない

(6) 以下のようなことは言う必要はない
　　・休憩中
　　・買い物に行った

❻ 他の人が外出中

本田　山川部長、お願いできますか。
リン　申し訳ございません。山川はただ今、外出しておりまして……。5時に戻る予定です。

❼ 他の人が休んでいる

本田　山川部長、お願いできますか。
リン　申し訳ございません。山川は(7)お休みをいただいておりまして……。

(7) 社外の人に休んでいる理由を言う必要はない

❽ かけ直す

1 相手から頼まれる

本田　では、後でお電話いただけますか。
リン　はい、承知しました。(8)ＡＢ商事総務部の本田様ですね。念のため、お電話番号をお願いできますか。
本田　03-9876-5432 です。
リン　はい。確認させていただきます。03-9876-5432 ですね。
本田　はい、そうです。

(8) 会社名や名前がよく聞き取れなかった時は、必ず確認する
　例 「申し訳ございませんが、もう一度、御社名とお名前をお願いいたします」

2 こちらからかけ直すと申し出る

リン　{後ほど／後日}、こちらからお電話いたしますが……。
本田　そうですか。では、お願いします。
リン　(8)ＡＢ商事総務部の本田様ですね。念のため、お電話番号をお願いできますか。
本田　03-9876-5432 です。
リン　はい。確認させていただきます。03-9876-5432 ですね。
本田　はい、そうです。

❾ 伝言を受ける

リン　ご伝言がありましたら、承りますが……。
本田　では、次の打ち合わせは来週火曜日の 10 時からになった、とお伝えいただけますか。
リン　はい、承知いたしました。

❿ 伝言の内容を確認する

リン　それでは、⑼確認させていただきます。
　　　⑽ＡＢ商事 総務部の本田様、次の打ち合わせは来週火曜日の 10 時からになったということですね。
本田　はい、そうです。お願いします。

⑼「復唱させていただきます」もよく使われる

⑽ 以下の確認を忘れずに
・会社名、部署名、名前
・電話番号（必要な場合）
・伝言内容

⓫ 伝言を受けたあと名乗り、電話をきる

リン　私、{リンが承りました。／リンと申します。}
本田　リン様ですね。それでは失礼します。
リン　失礼いたします。

⓬ 間違い電話を受ける

リン　はい、渋谷物産でございます。
相手　あっ、東京商事ではありませんか。
リン　⑾いいえ、こちらは渋谷物産でございますが……。
相手　すみません。間違えました。失礼します。
リン　失礼いたします。

⑾ 間違い電話に対しても自社の印象を悪くしないため丁寧に応対する

Ⅴ 仕事の日本語力──3 電話　受ける

127

3 ロールプレイ〈練習〉

▶ ＿＿＿に入る言い方を考えて話しましょう。

あなたは渋谷物産営業部の社員です。取引先ＡＢ商事の本田さんから電話がかかってきました。適切な受け答えをしてください。

❶ 電話に出る

あなた ＿＿＿＿＿＿＿＿＿＿＿＿＿＿＿＿＿＿＿＿＿＿＿＿＿＿＿＿＿＿＿

本　田　私、ＡＢ商事総務部の本田と申します。

あなた ＿＿＿＿＿＿＿＿＿＿＿＿＿＿＿＿＿＿＿＿＿＿＿＿＿＿＿＿＿＿＿

本　田　こちらこそお世話になっております。

❷ 自分への電話に答える

本　田　○○様、いらっしゃいますか。

あなた ＿＿＿＿＿＿＿＿＿＿＿＿＿＿＿＿＿＿＿＿＿＿＿＿＿＿＿＿＿＿＿

❸ 他の人への電話を取り次ぐ

本　田　山川部長、お願いできますか。

あなた ＿＿＿＿＿＿＿＿＿＿＿＿＿＿＿＿＿＿＿＿＿＿＿＿＿＿＿＿＿＿＿

❹ 他の人が電話中

本　田　山川部長、お願いできますか。

あなた ＿＿＿＿＿＿＿＿＿＿＿＿＿＿＿＿＿＿＿＿＿＿＿＿＿＿＿＿＿＿＿

❺ 他の人が席にいない

本　田　山川部長、お願いできますか。

あなた ＿＿＿＿＿＿＿＿＿＿＿＿＿＿＿＿＿＿＿＿＿＿＿＿＿＿＿＿＿＿＿

❻ 他の人が外出している

本　田　山川部長、お願いできますか。

あなた ＿＿＿＿＿＿＿＿＿＿＿＿＿＿＿＿＿＿＿＿＿＿＿＿＿＿＿＿＿＿＿

❼ 他の人が休んでいる

本　田　山川部長、お願いできますか。

あなた ＿＿＿＿＿＿＿＿＿＿＿＿＿＿＿＿＿＿＿＿＿＿＿＿＿＿＿＿＿＿＿

❽ かけ直す

① 相手から頼まれる

本　田　では、後でお電話いただけますか。

あなた　_____
　　　　_____

本　田　03-9876-5432 です。

② こちらからかけ直すと申し出る

あなた　_____

本　田　そうですか。では、お願いします。

あなた　_____

本　田　03-9876-5432 です。

❾❿ 伝言を受ける／伝言の内容を確認する

あなた　_____

本　田　では、次の打ち合わせは来週火曜日の10時からになった、とお伝えいただけますか。

あなた　_____
　　　　_____
　　　　_____ということですね。

⓫ 伝言を受けたあと名乗り、電話をきる

あなた　_____

本　田　○○様ですね。それでは失礼します。

あなた　_____

⓬ 間違い電話を受ける

あなた　_____

相　手　あっ、東京商事ではありませんか。

あなた　_____

相　手　すみません。間違えました。失礼します。

あなた　_____

4 電話（受ける）クイズ

別冊解答 p.10

問題1 Aの部署はどんな仕事をしているでしょうか。Bのa〜fから選び、（　　）の中に書きましょう。

A
① 総務部（　）
② 人事部（　）
③ 経理部（　）
④ 企画部（　）
⑤ 営業部（　）
⑥ 製造部（　）

B
a. 会社の売り上げを増やすことや、新しい顧客を開拓する部門
b. 会社の中で製品を造る部門
c. 会社の新しい商品やビジネスの計画を考える部門
d. 会社全体の事務を行う部門
e. 会社の利益や給与の計算を行う部門
f. 会社の中で社員の採用や研修などを行う部門

問題2 次の言葉の意味や使い方の正しいものを（　　）の中から選びましょう。

❶ 「代表番号」は、（ a. 社長が使っている電話番号　b. 会社全体を代表する電話の番号 ）。

❷ 電話機にあるボタン「保留」は、（ a. かかってきた電話をいったんそのままにしておく　b. 電話にメッセージを録音する ）時に押す。

❸ 電話で「おはようございます」を言っていいのは、（ a. 正午　b. 10〜11時ごろ ）まで。

❹ 「直行」は、（ a. すぐ会社に行く　b. 家から仕事先に直接行く ）という意味。

❺ 「直帰」は、（ a. 仕事先から直接家に帰る　b. 仕事が終わったらすぐに会社に戻る ）という意味。

❻ 「来社」は、（ a. 私が会社に出勤する　b. 相手が私の会社に来る ）という意味。

❼ 「出社」は、（ a. 自分の会社に行く　b. これから会社を出る ）という意味。

❽ 「本日は『退社』しました」は、（ a. 会社を辞めた　b. 会社から家に帰った ）という意味。

❾ 「先月、『退社』しました」は、（ a. 会社を辞めた　b. 会社から家に帰った ）という意味。
🚩 この場合、「退職」と言うことが多い。

❿ 「弊社」は（ a. 自分の会社　b. 相手の会社 ）について述べる時に使う。

問題3　次のような場合、どちらの対応がより適切でしょうか。選びましょう。

❶ 電話をかけてきた相手が、名前を言わなかった時

　　a.「あのう、すみませんが、お名前は何でしょうか。」
　　b.「失礼ですが、お名前を伺ってもよろしいでしょうか。」

❷ 同僚や上司が会議中、その人宛に取引先から至急の電話がかかってきた時

　　a. 用件を聞き、電話をきらずにすぐに周りの社員に相談する。
　　b. 用件を聞き、電話をきって、会議が終わってからその人に伝える。

❸ 電話をかけてきた人が指名した社員が、休んでいる時

　　a.「病気で休んでいます」など、休んでいる理由を詳しく説明する。
　　b.「お休みをいただいております」とだけ言い、詳しい理由は話さない。

❹ 相手の話が聞き取れなかったり、わからなかった時

　　a. 聞き直すのは失礼なので、とりあえず電話をきり、それからよく考える。
　　b.「大変申し訳ございません。もう一度お願いできますか」と聞く。

❺ 知らないことやわからないことを質問された時

　　a. 1分以内で調べられるようなことなら調べて答え、後は担当者にかけ直させる。
　　b. 間違いがあってはいけないので、少し待たせても、よく調べて答える。

❻ 担当者が外出中に、お客様から「大至急連絡したいので、個人（プライベート）の携帯電話の番号を教えてほしい」と言われた時

　　a.「担当者から折り返しお電話させます」と言って、いったん電話をきる。
　　b. すぐに担当者の携帯電話番号を教える。

Ⅴ　仕事の日本語力──3　電話　受ける

131

5 ロールプレイ〈実践〉

別冊解答 p.10〜11

▶ 実際に電話をしているように話しましょう。

あなたは渋谷物産営業部の新入社員です。他社からかかってきた電話に応対してみましょう。あなたの部の状況は以下のとおりです。p.125 **2** 会話例のように話しましょう。

〈現在の時刻 9:30〉

山川部長	小林課長
11:00 まで会議	打ち合わせ中

木村	田中
風邪で欠勤	電話中

中村	鈴木
12:00 まで外出	出張中（来週月曜日戻り）

佐藤（男性）	佐藤（女性）
来客中	外出先へ直行（13:00 戻り）

あなた

Ⅴ 仕事の日本語力

4 電話 かける　Telephone: Making a phone call

何のために学ぶか
基本的な電話応対（かける）ができるようになる
Making basic telephone calls

構成
1. 電話をかける流れ
2. 会話例
3. ロールプレイ〈練習〉
4. 電話（かける）クイズ
5. ロールプレイ〈実践〉

達成目標チェック
自信あり
☐ 電話をかけ、取り次ぎや伝言を頼むことができる
You are able to make phone calls and ask the person at the other end to direct the call or take a message.

🍀 この課で覚える 12 の言葉

| 在席 | 都合 | 内線 | 先約 | 問い合わせ | 納品 | 改めて |
| 後日 | 出先 | 差し支える | 追加 | 用件 |

1　電話をかける流れ

▶ 電話をかける時はどのようなケースがあるか見てみましょう。

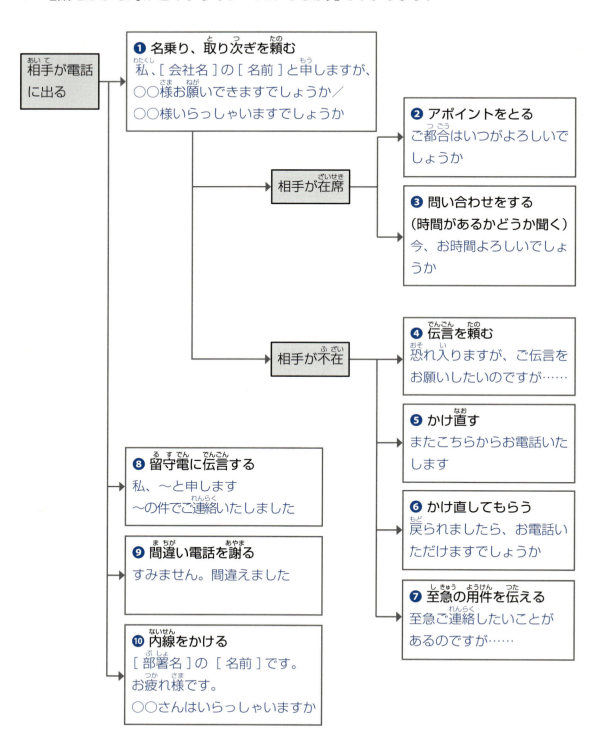

2 会話例

▶ 電話のかけ方の例を見てみましょう。

　リンさんは渋谷物産営業部の新入社員です。さまざまな用件で社内外に電話をかける時、どのように話せばよいでしょうか。あなたも、リンさんになったつもりで、練習しましょう。

❶ 社名・名前を名乗り、取り次ぎを頼む

森田	はい、CD貿易でございます。
リン	私、渋谷物産のリンと申しますが……。
森田	いつもお世話になっております。
リン	こちらこそいつもお世話になっております。営業部の佐藤様、お願いできますでしょうか。
森田	はい、少々お待ちください。

❷ アポイントを取る

リン	(1)新商品の広告の件で打ち合わせに伺いたいのですが、ご都合はいつがよろしいでしょうか。
佐藤	今週はちょっと先約が入っていて……来週なら大丈夫なんですが。
リン	(2)では、○日○曜日の○時はいかがでしょうか。
佐藤	○日○曜日○時ですね。はい、大丈夫です。
リン	では、よろしくお願いいたします。失礼いたします。

❸ 問い合わせをする（時間があるかどうか聞く）

リン	来週のイベントの件でお聞きしたいのですが、(3)今、お時間よろしいでしょうか。
佐藤	はい、どうぞ。

ポイント

(1) 理由や目的を述べてから、相手の都合を聞く

(2) 「……はいかがでしょうか」は、具体的な日付、時間を提案する時によく使われる表現

(3) 相手の状況に配慮する

❹ 伝言を頼む

森田　申し訳ございません。佐藤は一日外出しておりまして……。
リン　そうですか。では(4)恐れ入りますが、ご伝言をお願いしたいのですが……。
森田　はい、どうぞ。
リン　(5)次の打ち合わせは来週火曜日の10時からになったと、お伝えいただけますか。
森田　承知しました。それでは確認させていただきます。渋谷物産のリン様、次の打ち合わせは来週火曜日の10時からになったということですね。
　　　私、森田が承りました。
リン　(6)森田様ですね。よろしくお願いいたします。失礼いたします。

(4) 頼んだり尋ねたりするときの前置き

(5) 伝言の内容のあとに「～とお伝えいただけますか」と続ける

(6) 相手の名前を確認する

❺ かけ直す

リン　佐藤様、いらっしゃいますでしょうか。
森田　申し訳ございません。佐藤はただ今席を外しておりまして、30分ほどで戻ってまいりますので、戻りましたらお電話いたしますが……。
リン　いえ、またこちらからお電話いたします。
森田　そうですか。では、よろしくお願いいたします。
リン　失礼いたします。

❻ かけ直してもらう

リン　佐藤様、いらっしゃいますでしょうか。
森田　申し訳ございません。佐藤はただ今席を外しておりまして、30分ほどで戻ってまいりますが……。
リン　そうですか。では、(7)戻られましたら、お電話いただけますでしょうか。
森田　かしこまりました。

(7)「戻ったら」の敬語の形
・戻られたら
・戻られましたら
・お戻りになったら
・お戻りになりましたら

❼ 至急の用件を伝える

リン　佐藤様、お願いできますでしょうか。
森田　申し訳ございません。佐藤はただ今、会議に出ておりまして……。
リン　そうですか。実は(8)明日の展示会の件で、至急ご連絡したいことがあるのですが……。
森田　かしこまりました。少々お待ちください。

❽ 留守電に伝言する

リン　(9)佐藤様の携帯でしょうか。私、渋谷物産のリンです。
　　　商品の納品日の件でご連絡いたしました。また(10)改めてお電話いたします。
　　　どうぞよろしくお願いいたします。失礼いたします。

❾ 間違い電話を謝る

社員　はい、新宿自動車営業部でございます。
リン　CD貿易様ではありませんか。
社員　いいえ、こちらは新宿自動車でございますが……。
リン　(11)すみません。間違えました。失礼します。
社員　失礼します。

❿ 内線をかける

古川　はい、総務部です。
リン　営業部のリンです。お疲れ様です。(12)大木部長はいらっしゃいますか。
古川　お疲れ様です。古川です。(13)大木部長は、いま席を外していらっしゃるんですが……。
リン　そうですか、ではまたお電話します。
古川　よろしくお願いします。

---

(8) 不在だと言われても、急ぎの場合は「至急 ご連絡／お話し／確認したい のですが」と頼む
　他の人でもわかりそうな場合
　例「明日の展示会の件で、他にお わかりになる方はいらっしゃいますか」

(9) 誰にかけたかわかるように、念のため相手の名前を言う

(10)「自分から別の機会に」という意味

(11) もっとていねいに謝る場合は「申し訳ありません」も使う。

(12) 社内の人の呼び方は会社によって異なる
　例 大木部長・大木さん

(13) 社内の人同士で話す時は目上の人に敬語を使う

3 ロールプレイ〈練習〉

▶ ＿＿＿＿に入る言い方を考えて話しましょう。

あなたは渋谷物産営業部の社員です。適切な表現を使って、取引先に電話をかけてください。
🚩 〈 〉の中は話す内容を表している。日時・電話番号・伝言内容などは自由に考える。

❶ 社名・名前を名乗り、取り次ぎを頼む

相　手　はい、CD貿易でございます。

あなた　＿＿＿＿＿＿＿＿＿＿＿＿＿＿＿＿＿＿＿＿＿＿＿＿＿＿＿＿＿〈名乗る〉

相　手　いつもお世話になっております。

あなた　＿＿＿＿＿＿＿＿＿＿＿＿＿＿＿＿＿＿＿＿＿＿＿＿＿＿＿〈取り次ぎを頼む〉

相　手　はい、少々お待ちください。

❷ アポイントを取る

あなた　＿＿＿＿＿＿＿＿＿＿の件で打ち合わせに伺いたいのですが、〈用件を述べる〉
　　　　　　　　　　　　　　　　　　　　　　　　　　　　　　　　〈都合を聞く〉

相　手　今週はちょっと先約が入っていて……来週なら大丈夫なんですが。

あなた　＿＿＿＿＿＿＿＿＿＿＿＿＿＿＿＿＿＿＿＿＿＿＿＿＿＿〈日時を提案する〉

相　手　○日○曜日○時ですね。はい、大丈夫です。

あなた　＿＿＿＿＿＿＿＿＿＿＿＿＿＿＿＿＿＿＿＿＿＿＿＿〈挨拶し電話をきる〉

❸ 問い合わせをする

あなた　＿＿＿＿＿＿＿＿＿＿＿＿の件で＿＿＿＿＿＿＿＿＿＿＿たいのですが、
　　　　　　　　　　　　　　　　　　　　　　　　　　　　　　〈時間があるか聞く〉

相　手　はい、どうぞ。

❹ 伝言を頼む

あなた　＿＿＿＿＿＿＿＿＿＿＿＿＿＿＿＿＿＿＿＿＿＿＿＿＿〈取り次ぎを頼む〉

相　手　申し訳ございません。佐藤は一日外出しておりまして……。

あなた　＿＿＿＿＿＿＿＿＿＿＿＿＿＿＿＿＿＿＿＿＿＿＿＿＿＿〈伝言を頼む〉

相　手　はい、どうぞ。

あなた　＿＿＿＿＿＿＿＿＿＿＿＿＿＿＿＿＿＿＿＿＿＿＿＿＿＿〈伝言内容〉

相　手　承知しました。それでは確認させていただきます。渋谷物産営業部の○○
　　　　様、[用件]ということですね。私、○○が承りました。

あなた　＿＿＿＿＿＿＿＿＿＿＿＿＿＿＿＿〈相手の名前を確認し、電話をきる〉

❺ 自分からかけ直す

あなた　＿＿＿＿＿＿＿＿＿＿＿＿＿＿＿＿＿＿＿＿＿〈取り次ぎを頼む〉
相　手　申し訳ございません。○○[名前]はただ今席を外しておりまして、30分ほどで戻ってまいりますので、戻りましたらお電話いたしますが……。
あなた　＿＿＿＿＿＿＿＿＿＿＿＿＿＿＿＿＿＿＿〈かけ直すと伝える〉
相　手　そうですか。では、よろしくお願いいたします。
あなた　＿＿＿＿＿＿＿＿＿＿＿＿＿＿＿＿＿＿＿＿＿＿〈電話をきる〉

❻ 相手からかけ直してもらう

あなた　＿＿＿＿＿＿＿＿＿＿＿＿＿＿＿＿＿＿＿＿＿〈取り次ぎを頼む〉
相　手　申し訳ございません。○○[名前]はただ今席を外しておりまして、30分ほどで戻ってまいりますが……。
あなた　＿＿＿＿＿＿＿＿＿＿＿＿＿＿＿〈戻ったら電話してほしいと頼む〉
相　手　かしこまりました。

❼ 至急の用件を伝える

あなた　＿＿＿＿＿＿＿＿＿＿＿＿＿＿＿＿＿＿＿＿＿〈取り次ぎを頼む〉
相　手　申し訳ございません。○○[名前]はただ今会議に出ておりまして……。
あなた　＿＿＿＿＿＿＿＿＿＿＿＿＿＿＿。＿＿＿＿＿＿＿＿＿＿＿の件で
　　　　＿＿＿＿＿＿＿＿＿＿＿＿＿＿＿＿＿＿＿＿＿＿〈用件を述べる〉
相　手　かしこまりました。少々お待ちください。

❽ 留守電に伝言する（伝言内容：商品の納品日の件、また電話する）

あなた　○○様の携帯でしょうか。
　　　　＿＿＿＿＿＿＿＿＿＿＿＿＿＿＿＿＿＿＿＿＿＿＿＿〈名乗る〉
　　　　＿＿＿＿＿＿＿＿＿＿＿＿＿＿＿＿＿＿＿＿＿〈用件を述べる〉
　　　　＿＿＿＿＿＿＿＿＿＿＿＿＿＿＿＿＿＿＿〈挨拶し電話をきる〉

❾ 間違い電話を謝る

相　手　はい、新宿自動車営業部でございます。
あなた　＿＿＿＿＿＿＿＿＿＿＿＿＿＿＿＿＿＿＿〈会社名を確認する〉
相　手　いいえ、こちらは新宿自動車でございますが……。
あなた　＿＿＿＿＿＿＿＿＿＿＿＿＿＿＿＿＿＿〈謝って電話をきる〉

❿ 内線をかける

相　手　はい、総務部です。

あなた　_____　〈取り次ぎを頼む〉

相　手　お疲れ様です。○○部長は、いま席を外していらっしゃるんですが……。

あなた　_____　〈かけ直すと伝える〉

相　手　よろしくお願いします。

4 電話（かける）クイズ

別冊解答 p.11

問題1　次の言葉の意味が正しいのはどちらでしょうか。（　）の中から選びましょう。

❶ 「では後日、ご連絡いたします」の「後日」は、（a. またいつか　b. また明日　c. また数日後）という意味。

❷ 「今、出先なので後ほどお電話いたします」の「出先」は、（a. その日最初に出かけた取引先　b. 外出または出張した場所　c. たった今出たばかり）という意味。

❸ 「先約が入っておりまして……」の「先約」は、（a. 取引先との契約　b. 大切な約束　c. 以前からの約束）という意味。

❹ 「至急ご連絡ください」の「至急」は、（a. あわてて　b. 急いで　c. 必ず）という意味。

❺ 「差し支えなければ、会議の時間を変更していただきたいのですが」の「差し支えなければ」は、（a. 都合が悪くなければ　b. 念のため　c. 暇だったら）という意味。

問題2　次の_____に適当な言葉を入れましょう。

❶ 社外に電話をかける時、避けたい時間は _____、_____、_____

❷ 夜遅くに電話をかけた場合

「_____申し訳ございません。私、渋谷物産のリンと申しますが……。」

140

5 ロールプレイ〈実践〉

▶ 実際に電話をしているように話しましょう。

次のロールカードはAの **1**～**8** とBの **1**～**8** がそれぞれペアになっています。Aのカードを持つ人が電話をかけ、Bのカードを持つ人が応対してください。相手のカードは見ないでメモを取りながら電話をしましょう。　🏳 空欄には会社名を考えて入れる。

1　ロールカード　A あなたは＿＿＿＿＿＿＿の社員です。 CD貿易に電話をかけ、営業部の佐藤さんに取り次いでもらってください。 いない場合は、後でこちらからかけ直すと伝えてください。	**5　ロールカード　A** あなたは＿＿＿＿＿＿＿の社員です。 来週の展示会について、CD貿易の営業部の佐藤さんに問い合わせをします。 今話す時間があるかどうか聞いてください。
2　ロールカード　A あなたは＿＿＿＿＿＿＿の社員です。 CD貿易に電話をかけ、営業部の佐藤さんに取り次いでもらってください。 いない場合は戻ったら電話がほしいと伝えてください。	**6　ロールカード　A** あなたは＿＿＿＿＿＿＿の社員です。 CD貿易の営業部の佐藤さんに電話をかけ、新商品を紹介したいので会社に行きたいとお願いし、日時を決めてください。
3　ロールカード　A あなたは＿＿＿＿＿＿＿の社員です。 CD貿易の営業部の佐藤さんに電話をかけ、昨日もらった新商品のパンフレットを10部追加でほしいと言ってください。 いない場合は伝言を頼んでください。	**7　ロールカード　A** あなたは＿＿＿＿＿＿＿の営業部の社員です。 内線で経理部の中村部長に電話をかけ、イベントの予算について相談に行きたいと頼んでください。
4　ロールカード　A あなたは＿＿＿＿＿＿＿の社員です。 CD貿易の営業部の佐藤さんに電話をかけ、商品の注文数の件で至急確認したいと言ってください。	**8　ロールカード　A** あなたは＿＿＿＿＿＿＿の社員です。 CD貿易の営業部の佐藤さんに電話をかけ、来週の納品時間について相談したいので、明日中に電話がほしいと言ってください。

1 ロールカード　B あなたはCD貿易の社員です。 取引先から社内の人に電話がかかってきました。その人は今、外出中で、13時頃戻って来ます。応対してください。	**5 ロールカード　B** あなたはCD貿易の佐藤さんです。 取引先から電話がかかってきました。 応対してください。
2 ロールカード　B あなたはCD貿易の社員です。 取引先から社内の人に電話がかかってきました。その人は今、席を外しています。応対してください。	**6 ロールカード　B** あなたはCD貿易の佐藤さんです。 取引先から電話がかかってきました。 応対してください。
3 ロールカード　B あなたはCD貿易の社員です。 取引先から社内の人に電話がかかってきました。その人は今、外出中で、17時頃戻って来ます。応対してください。	**7 ロールカード　B** あなたは経理部の中村部長です。 内線で電話がかかってきました。 応対してください。
4 ロールカード　B あなたはCD貿易の社員です。 取引先から社内の人に電話がかかってきました。その人は今、会議中です。応対してください。	**8 ロールカード　B** （留守番電話） 現在、電話に出ることができません。 ピーッと鳴ったらお名前とご用件をどうぞ。 （ピーッ）

> Ⅴ　仕事の日本語力

5　電話　アポイントを取る
Telephone: Making an appointment

何のために学ぶか

電話でスムーズにアポイントが取れるようになる
Making appointments smoothly by phone

構成

1. アポイントを取る流れ
2. 会話例
3. ロールプレイ〈練習〉
4. ロールプレイ〈応用〉

達成目標チェック

自信あり
☐　電話をかけ、訪問のアポイントを取ることができる
You are able to make a phone call to make an appointment to visit.

 この課で覚える4つの言葉

| アポイント　　切り出す　　説明会　　変更 |

1 アポイントを取る流れ

▶ アポイント（アポ）を取る時はどのようなケースがあるか見てみましょう。

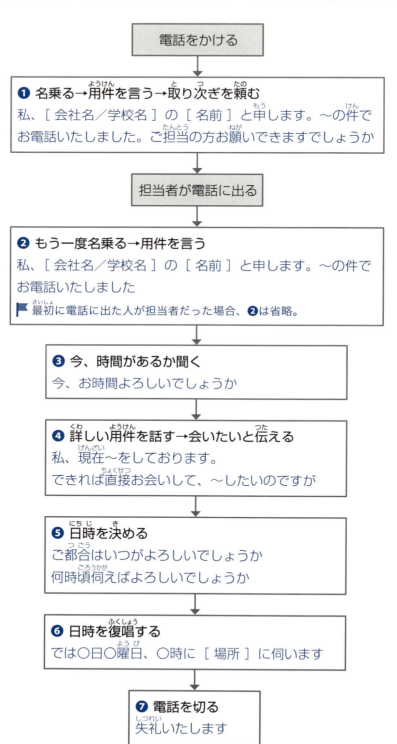

2 会話例

▶ アポの取り方の例を見てみましょう。

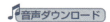

　トムさんは就職活動をしています。ホームページを見て、渋谷物産に興味を持ちました。会社訪問をして、仕事の内容を聞きたいと思っています。どのようにアポを取ればいいでしょうか。あなたも、トムさんになったつもりで、練習しましょう。

🚩 ここで学ぶ表現は、就職活動の時だけでなく、入社してからお客様とアポを取る時にも役に立ちます。

❶ 名乗る→用件を言う→取り次ぎを頼む

受付	はい、渋谷物産でございます。
トム	⑴初めてお電話いたします。私、渋谷日本語学校のトム・クラークと申します。採用の件でお電話いたしました。 ⑵恐れ入りますが、ご担当の方お願いできますでしょうか。
受付	はい、少々お待ちください。

⑴ 電話で「初めまして」と挨拶する時の表現

⑵ 丁寧な前置き言葉を使う
　他の例 「お忙しいところ申し訳ありませんが」

❷ もう一度名乗る→用件を言う

山田	お待たせしました。人事部の山田です。
トム	初めてお電話いたします。私、渋谷日本語学校のトム・クラークと申します。採用の件でお電話いたしました。

❸ 今、時間があるか聞く

トム	⑶今、お時間よろしいでしょうか。
山田	はい、どうぞ。

⑶ いきなり用件を切り出さず、まずは相手に時間があるかを聞く

❹ 詳しい用件を話す→会いたいと伝える

トム　私は現在就職活動をしております。御社のホームページで求人情報を拝見しました。仕事の内容についてもう少し詳しくお聞きしたいのですが、説明会はありますか。

山田　説明会というのは特に予定していないのですが。

トム　そうですか。できれば直接お会いして、お話をお聞きしたいのですが。

山田　いいですよ。

トム　ありがとうございます。

❺ 日時を決める

トム　(4)ご都合はいつがよろしいでしょうか。

山田　今週は全部ふさがっているので、来週の火曜日はどうですか。

トム　はい、わかりました。
何時頃伺えばよろしいでしょうか。

山田　では、15時に当社受付に来ていただけますか。

トム　はい、伺います。

❻ 日時を復唱する

トム　(5)では〇〇日火曜日、15時に御社の受付に伺います。よろしくお願いします。

山田　はい、お待ちしています。

❼ 電話をきる

トム　(6)では、失礼いたします。

山田　失礼します。

---

(4) 一方的に自分の予定を伝えないで、まずは相手の都合を聞いたほうがいい
× 1月10日、いいですか？

(5) 日時・場所は必ずメモを取り、復唱する
聞き間違えやすい時間である1時／7時は13時／19時と言いかえる

(6) 相手にいい印象を与えられるように、最後の挨拶は明るい声で言う

3 ロールプレイ〈練習〉

▶ ＿＿＿＿に入る言い方を考えて話しましょう。

あなたは就職活動をしています。興味を持った会社に電話をかけ、訪問のアポイントを取ってください。 🚩〈 〉の中は話す内容を表している。

❶ 名乗る→用件を言う→取り次ぎを頼む

受　付　はい、＿＿＿会社名＿＿＿でございます。

あなた　＿＿＿＿＿＿＿＿＿＿＿＿＿＿＿＿＿＿＿＿＿〈初めて電話すると言い、名乗る〉

　　　　＿＿＿＿＿＿＿＿＿＿＿＿＿＿＿＿＿＿＿＿＿＿＿＿＿＿＿＿〈用件を話す〉

　　　　＿＿＿＿＿＿＿＿＿＿＿＿＿＿＿＿＿＿＿＿＿＿＿＿＿＿〈取り次ぎを頼む〉

受　付　はい、少々お待ちください。

❷❸ もう一度名乗る→用件を言う→今、時間があるか聞く

担当者　お待たせしました。人事部の○○［名前］です。

あなた　＿＿＿＿＿＿＿＿＿＿＿＿＿＿＿＿＿＿＿＿＿＿＿＿＿＿＿＿＿＿〈名乗る〉

　　　　＿＿＿＿＿＿＿＿＿＿＿＿＿＿＿＿＿＿＿＿＿＿＿＿＿＿＿〈用件を言う〉

　　　　＿＿＿＿＿＿＿＿＿＿＿＿＿＿＿＿＿＿＿＿＿＿＿＿〈時間があるか聞く〉

担当者　はい、どうぞ。

❹ 詳しい用件を話す→会いたいと伝える

あなた　＿＿＿＿＿＿＿＿＿＿＿＿＿＿＿＿＿＿＿＿＿＿＿〈現在の状況を述べる〉

　　　　＿＿＿＿＿＿＿＿＿＿＿＿＿＿＿＿＿＿＿＿＿＿〈説明会があるか聞く〉

担当者　説明会というのは特に予定していないのですが。

あなた　＿＿＿＿＿＿＿＿＿＿＿＿＿＿＿＿＿＿＿＿＿＿〈直接会えるかと聞く〉

担当者　いいですよ。

あなた　＿＿＿＿＿＿＿＿＿＿＿＿＿＿＿＿＿＿＿＿＿＿＿＿＿＿＿〈礼を言う〉

❺ 日時を決める

あなた _____ 〈都合を聞く〉

担当者 _____はどうですか。

あなた _____ 〈承知し、時間を聞く〉

担当者 では、_____時に_____に来ていただけますか。

あなた _____ 〈承知する〉

❻ 日時を復唱する

あなた _____
_____

担当者 はい、お待ちしています。

❼ 電話をきる

あなた _____

担当者 失礼します。

4 ロールプレイ〈応用〉

別冊解答 p.11

▶ 習った表現を参考に会話を考え、話しましょう。

p.147-148 の❸で取ったアポについて、日時の変更をしなければならなくなりました。変更を依頼する電話をかけてください。なぜ変更してほしいのか、理由も考えてください。

Ⅴ 仕事の日本語力

6 訪問　Visiting

何のために学ぶか

訪問の場面で、相手に失礼のない立居ふるまいを身につける
Behaving properly in visiting situations, without being rude

構成

1. 訪問の流れ
2. 会話例
3. 名刺交換のマナー
4. ロールプレイ〈練習〉
5. ロールプレイ〈実践〉

達成目標チェック

自信あり
☐ 訪問時に適切なふるまい・会話・名刺交換ができる
You are able to behave appropriately, make conversation and exchange business cards when you visit.

🍀 この課で覚える 15 の言葉

訪問	名刺交換	応接室	手土産	本題	新規	上座
下座	（名刺を）切らす	召し上がる	気遣い	恐縮
頂戴	貴重な	名刺入れ

1 訪問の流れ

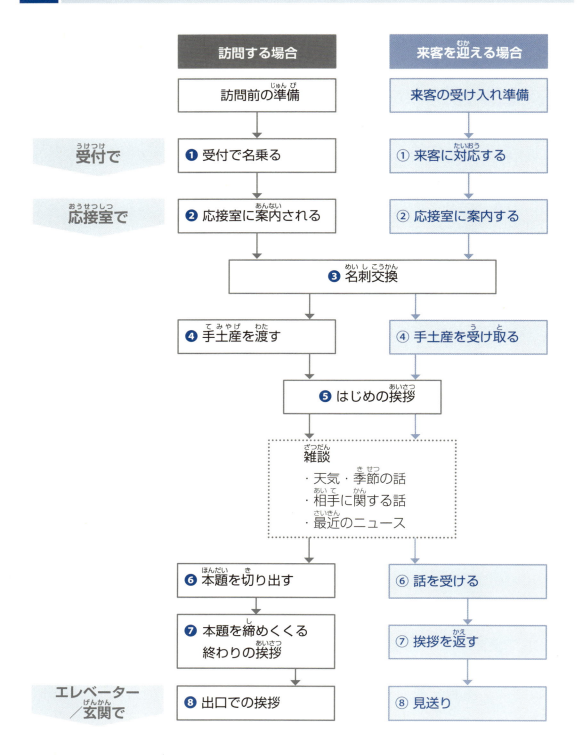

🚩 ④ 手土産は、帰り際に手渡してもよい。

2 会話例

▶ 訪問の例を見てみましょう。

トムさんは渋谷物産営業部の社員です。他社を訪問したときの会話のやり取りや、マナーについて、あなたもトムさんになったつもりで練習しましょう。

訪問前の準備　下線に入る内容を考えましょう。

- 受付に着く時間は約束の時間の____分ほど前がよい。
- 万一遅れる場合は、_____。
- コートは脱いでから、受付に行く。
- 携帯電話を_____にしておく。

別冊解答 p.11

来客の受け入れ準備

- 来客のための部屋を予約しておく
- 飲み物などの手配をしておく
- 受付に来客の名前・来社時間を伝えておく

❶ **受付で名乗る**

① **アポがある場合**

トム　(1)私、渋谷物産営業部のトム・クラークと申します。総務部の本田様と、15時にお約束をしております。

受付　(2)渋谷物産営業部のトム・クラーク様ですね。少々お待ちください。

② **アポがない場合（新規開拓営業）**

トム　私、渋谷物産営業部のトム・クラークと申します。〈名刺を渡す〉本日は当社の新商品のご紹介の件で伺ったのですが、ご担当の方をお願いできますでしょうか。

受付　渋谷物産営業部のトム・クラーク様ですね。確認いたしますので、少々お待ちください。

③ **無人受付の場合**

トム　〈電話番号表などを見て、担当部署に内線をかける〉
私、渋谷物産営業部のトム・クラークと申します。総務部の本田様と、15時にお約束をしております。

青字 ＝ 訪問する側
黒字 ＝ 訪問される側

(1) 丁寧に名乗る

(2) 来客の社名・名前などは間違いのないように確認する

V 仕事の日本語力──6 訪問

151

❷ 応接室に案内される

受付　どうぞ。〈入室を勧める〉
トム　(3)失礼いたします。〈部屋に入る〉
受付　(4)こちらにお掛けになってお待ちください。
トム　ありがとうございます。(5)〈座る〉

❸ 名刺交換

トム　(6)〈ノックの音で立つ〉
本田　お待たせしました。
トム　(7)渋谷物産営業部のトム・クラークと申します。どうぞよろしくお願いいたします。〈名刺を差し出す〉
本田　本田です。〈名刺を差し出す〉よろしくお願いします。
トム　(8)ちょうだいします。〈名刺を受け取る〉

本田　(9)どうぞお掛けください。
トム　失礼します。(10)〈座る〉

① 名刺を忘れた場合や切らしてしまった場合

トム　申し訳ございません。今、(11)名刺を切らしておりまして……。
　　　私、トム・クラークと申します。どうぞよろしくお願いいたします。

② 名前が聞き取れなかった場合

トム　• 本田様……でよろしいでしょうか。
　　　　〈確認しながら話す〉
　　　• お名前をもう一度、お願いできますでしょうか。
　　　• お名前は何とお読みしたらよろしいでしょうか。

---

(3) 入・退室や着席する時の表現
(4) 来客には上座を勧める
(5) 座る場合は、勧められた席または下座に座る
　🚩 詳しくは「上座・下座の基本ルール (p.155)」を参照。
(6) ノックの音で立ち上がり、すぐに相手に名刺を渡せるよう準備しておく
(7) 会社名・部署名・名前を名乗りながら名刺を差し出す

(8) 名刺を受け取るときによく使われる表現
　🚩 詳しくは「❸名刺交換のマナー (p.156)」を参照。

(9) 来客に着席を勧める
(10) 勧められてから座る

(11) 名刺は絶対に忘れてはいけない
　万一名刺を持ち合わせていない場合はこのような表現を使う

❹ 手土産を渡す

トム　こちら、(12)皆さんでお召し上がりください。
　　　〈手土産を渡す〉

本田　ああ、(13)これはどうもありがとうございます。

❺ はじめの挨拶→雑談

トム　(14)本日はお忙しいところ、お時間をいただきありがとうございます。

本田　こちらこそ、お越しいただきありがとうございます。
　　　最近寒くなってきましたね。(15)〈雑談をする〉

トム　そうですね、朝晩はかなり冷えますね。

1 雑談例：相手の会社の話

トム　こちらには初めて伺いましたが、きれいなオフィスですね。

本田　えぇ、まぁ、建ってからまだ３年なんですよ。

2 雑談例：最近のニュース

トム　先日、新聞に御社の記事が出ていましたね。

本田　ああ、ご覧になりましたか。

---

(12) 食べ物を渡す時の表現

(13) **他の例**
「お気遣いいただき、恐縮です」
「それでは、遠慮なく頂戴いたします」

手土産に適しているもの
・小分けになっていて、皆に配れるもの
・日持ちがするもの

🚩 いつも必ず手土産を持っていくわけではない。

(14) 訪問の機会をもらったお礼を言う

(15) 本題に入る前に、場の雰囲気を和らげるための会話

雑談の内容
① 天気・季節の話
「暑いですね」「雨が続きますね」
「早いもので、もう年末ですね」
② 相手に関する話
（事前にニュースや、会社の雰囲気などをチェックしておく）

🚩 雑談をしないで、すぐ本題になる場合もある。

雑談の返事は「そうですね」など相手を否定しないものがよい。

❻ 本題を切り出す

トム　⒃では、早速ですが、今月発売になりました弊社の新商品をご紹介させていただきたいと思いまして。

⒃ 雑談から本題に移る時の表現

❼ 本題を締めくくる→終わりの挨拶

トム　⒄では、本日はこのへんで……。貴重なお時間をいただき、ありがとうございました。
本田　いえ、こちらこそありがとうございました。
トム　{では、また連絡させていただきます。／ご連絡お待ちしております。}
本田　わかりました。

⒄ 話を切り上げる時よく使われる表現

❽ 出口での挨拶

⒅〈ビルの入口やエレベーター前まで案内する〉
トム　では、こちらで失礼いたします。
本田　失礼いたします。

⒅ 重要な来客などの場合は、ビルの入口やエレベーターの前まで行って見送るのが礼儀

応接室でのマナー

- 担当者が来るまで、きちんと座って静かに待つ。
- 携帯電話の扱いに気をつける。
（たとえマナーモードでも、相手を不快にさせることもある）

誰もいなくても気を抜いてはいけません！

上座・下座の基本ルール

　ビジネス場面では、立場や役職によって座席の位置が決まっています。目上の人が座る場所を「上座」、目下の人が座る場所を「下座」と言います。下のイラストで確認しましょう。①～⑤が上座～下座の順です。

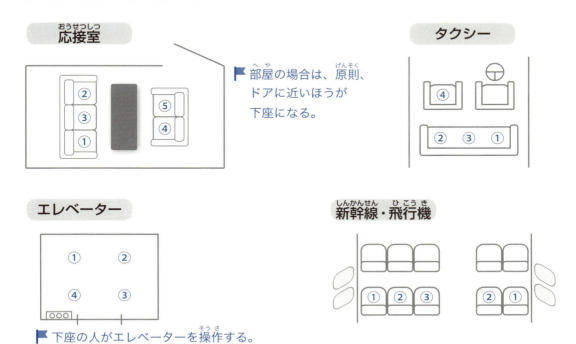

手土産の渡し方と受け取り方

渡し方の注意

- 正式には、袋から出して、文字が書かれていれば、相手が読める向きにして渡す。

- 急いでいる場合や外で渡す場合は袋に入れたまま、相手が持ち手をつかみやすい方向で差し出す。

受け取り方の注意

- お礼を言って、両手で受け取る。
- 手土産をもらったら、上司にも報告し、関係者で分ける。
- 自分一人で食べるなどはNG。

3 名刺交換のマナー

▶ 名刺交換について学びましょう。

　名刺交換は、日本のビジネス場面では当たり前に行われている慣習です。相手に失礼にならないようにマナーを学び、自然な動作でスムーズにできるように練習しましょう。

❶ 名刺の渡し方

名乗る前に名刺を取り出しておく。
名刺を差し出すときは、相手が読める向きにして出す。
胸の前から相手の胸のあたりに向けて差し出す。

🚩 名刺は、専用の名刺入れに入れて持ち歩くのがマナー。
　 財布や定期入れなどに入れておかないこと。

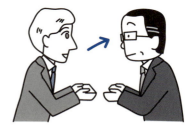

❷ 一人ずつ交換する場合　渡す人：A → 受け取る人：B

渡す時も受け取る時も、名刺は両手で扱う。

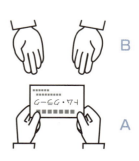

❸ 同時に交換する場合　A ⇔ B

両者が同時に自分の名刺を右手に持ち、相手の名刺を左手で受け取る。
左手には自分の名刺入れを持ち、その上に相手の名刺を置いてもらうようにするとスムーズにできる。

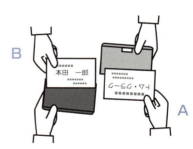

❹ 渡す順序：目下→目上
目下の人から目上の人に先に名刺を渡す。
（同時交換の場合もある）

渡す順序：訪問者→訪問先
訪問した人から訪問した相手に先に名刺を渡す。

❺ 渡す順序：相手が複数の場合
一般的には、立場が上の人から順番に渡しはじめる。受け取った名刺は、名刺入れの下に重ねて、次の人の名刺を受け取るとスムーズ。

❻ 名刺を置く位置
相手と話している間、名刺はテーブルの上に置いておく。
相手が二人以上いる場合、名刺を置く位置は、相手が座っている位置に合わせると名前を確認しやすい。

❼ 名刺をしまうタイミング
話が終わり、そろそろ失礼する時になったら、丁寧に名刺を重ねて名刺入れの中にしまう。
そのままポケットやかばんに入れてはいけない。

❽ その他の注意
名刺を手でもてあそんではいけない。
名刺にその場でメモなどを書き込まない。
（自社に戻ってからならOK）

NG！

相手の顔と同じだと思い、大切に扱いましょう。

4 ロールプレイ〈練習〉

▶ ＿＿＿＿に入る言い方を考えて話しましょう。

あなたは渋谷物産営業部の社員です。取引先ＡＢ商事の本田さんを訪問します。適切な受け答えをしてください。 🚩〈　〉の中は動作を表している。

❶ 受付で名乗る（アポがある場合）

あなた　＿＿＿＿＿＿＿＿＿＿＿＿＿＿＿＿＿＿
　　　　＿＿＿＿＿＿＿＿＿＿＿＿＿＿＿＿＿＿

受　付　○○様ですね。少々お待ちください。

❷ 応接室に案内される

受　付　どうぞ。〈入室を勧める〉

あなた　＿＿＿＿＿＿＿＿＿＿＿＿＿＿＿＿＿＿〈部屋に入る〉

受　付　こちらにお掛けになってお待ちください。

あなた　＿＿＿＿＿＿＿＿＿＿＿＿＿＿＿＿＿＿〈座る〉

❸ 名刺交換

本　田　〈ノックして入室する〉お待たせしました。

あなた　＿＿＿＿＿＿＿＿＿＿＿＿＿＿＿＿＿＿〈名刺を差し出す〉

本　田　本田です。よろしくお願いします。

あなた　＿＿＿＿＿＿＿＿＿＿＿＿＿＿＿＿＿＿〈名刺を受け取る〉

本　田　どうぞお掛けください。

あなた　＿＿＿＿＿＿＿＿＿＿＿＿＿＿＿＿＿＿〈座る〉

❹ 手土産を渡す

あなた　＿＿＿＿＿＿＿＿＿＿＿＿＿＿＿＿＿＿〈渡す〉

本　田　ああ、これはどうもありがとうございます。

❺ はじめの挨拶→雑談

あなた _____

本　田　こちらこそ、お越しいただきありがとうございます。

〈雑談をする〉

あなた _____

❻ 本題を切り出す

あなた _____
_____

❼ 本題を締めくくる→終わりの挨拶

あなた _____

本　田　いえ、こちらこそありがとうございました。

あなた _____

本　田　わかりました。

❽ 出口での挨拶

本　田　では、こちらへ。〈応接室を出て、ビルの入り口やエレベーター前まで案内する〉

あなた _____

本　田　失礼いたします。

5 ロールプレイ〈実践〉

▶ 実際に動きながら話しましょう。

以下の3つの役割に分かれ、教材を見ずに、習った表現を使ってロールプレイをしてみましょう。

ロールカード　A

あなたは渋谷物産営業部の社員です。
ＡＢ商事を訪問し、総務部の本田さんに新商品の紹介をしてください。
アポは取ってあります。ＡＢ商事に行くのも、本田さんに会うのも初めてです。

ロールカード　B

あなたはAB商事総務部の社員です。
受付で来客応対をして、内線で本田さんに連絡し、お客様を応接室まで案内してください。その後、お茶を出してください。

ロールカード　C

あなたはＡＢ商事総務部の本田さんです。
渋谷物産の社員が来社します。応対してください。

ロールプレイをする時のレイアウト例

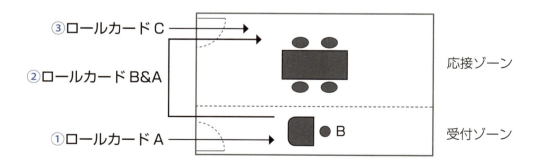

V 仕事の日本語力

7 会議 Meetings

何のために学ぶか

1 社内会議の一連の流れを体験する
  Experiencing the flow of meetings
2 意見を述べるために必要な表現を身につける
  Acquiring the necessary expressions to state your opinion

構成

1. 会議とは
2. 模擬会議の状況設定
3. 会議資料
4. 会議の進め方と会議に使える表現
5. 模擬会議
6. 課題（ふり返り）

達成目標チェック

自信あり
☐ 会議で適切な表現を使って、意見を述べることができる
  You are able to express your opinions using appropriate expressions at meetings.

🍀 この課で覚える 17 の言葉

会議	売上	当社	実績	著しい	底上げ	議題
売上高	消費	議長	発言	促す	許可	求める
反論	ターゲット	コンセプト				

161

1 会議とは

▶ 会議の流れについて学びましょう。

　会議とは、テーマに沿って意見を交換したり、物事を決定したりする場です。会議に出席することになったら、前もって資料を読んで考えをまとめ、意見を言えるようにしておきましょう。

2 模擬会議の状況設定

▶ 模擬会議をやってみましょう。以下の説明とメールを読みましょう。

　洋菓子メーカーの「株式会社シブヤ製菓」は、洋菓子市場でトップクラスの売上を保っている企業です。あなたは、この会社の商品企画部で働いています。
　以下のメールを読み、会議の準備をしましょう。

件名：新商品企画会議のお知らせ

　現在、当社のアイスクリーム部門年間売上実績は、夏季に依存する傾向にあり、下半期（10月～3月）の売上の落ち込みが著しい状況です。
　そこで、来年度はアイスクリーム部門年間売上の底上げを目指し、小売店向け新商品を開発、発売することになりました。
　つきましては、以下の通り企画会議を行いますので、お集まりいただきますようよろしくお願いいたします。

記

日時：○月○日（○曜日）○時～○時
場所：会議室
議題：来年度発売の小売店向けアイスクリーム商品企画案
　　　・発売時期
　　　・新商品案　※ご提案いただきますので、各自考えてきてください。

以上

▌ここでの「小売店」とはスーパー・コンビニなどのことです。

3 会議資料 〈参考資料〉

▶ 以下の資料をもとに、アイスクリーム市場と自社の状況について考えましょう。

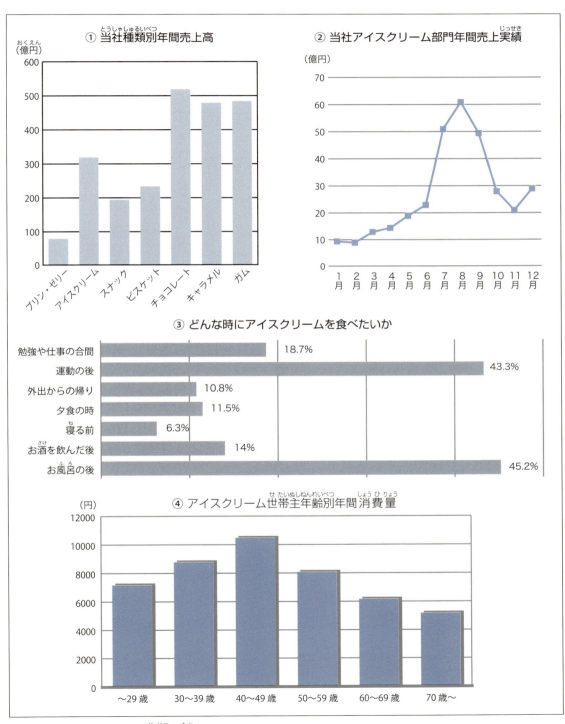

▶ これらのグラフは事実に基づくものではありません。

4 会議の進め方と会議に使える表現

▶ 会議の進め方や表現を理解しましょう。　🎵音声ダウンロード

会議にはさまざまなスタイルがありますが、ほとんどの場合、議長が中心となって議論を進めます。会議の流れを把握し、適切な表現を使って意見を述べる練習をしましょう。

会議の流れと会話例

ポイント▼

議長

❶ 開会宣言
時間になりましたので、会議を始めたいと思います。私は本日の進行役のトム・クラークです。どうぞよろしくお願いいたします。

❷ 会議の目的の説明
それでは本日の議題について説明いたします。(1)来年度、シブヤ製菓はアイスクリーム商品売上アップを目指しております。そこで、(2)来年度発売の小売店向け新商品を発売することになりました。

(1) 現状の説明

(2) 議題についての説明

❸ 進行1　発言を促す
それでは早速、商品案についてご説明いただきたいと思います。まずリンさんからお願いします。

❹ リンさんの提案
はい、私は「秋発売のチョコレート味のアイスクリーム」を提案します。売り上げが落ちる秋に、シブヤ製菓一番人気のチョコレートを活かした女性向けアイスを発売し、売り上げアップを目指します。

リン

提案に同意する時
例 「面白いと思います」
　　「いいですね」

❺ 発言の許可を求める
すみません、{ちょっとよろしいでしょうか。／質問があるんですが。}
リンさんの女性向けチョコレート味のアイスについてお聞きしたいのですが……。

中野

164

議長

❻ 進行2　発言者を指名する
中野さん、どうぞ。

❼ 質問する
リンさんの提案についてですが、{なぜ～か／どんな～か}お聞きしたいのですが。

---

❽ 反論する
(3)それもいいとは思いますが、チョコレート味以外に、秋の食べ物の味も(4)考えたほうがいいのではないでしょうか。

中野

(3) いきなり反論せず、まずは相手の意見を受け止める
　例「～については賛成ですが」
　「～という点ではいいのですが」
　「それは確かにそうなんですが」

(4) 反論を柔らかく述べる時の言い方
　例「～ではないでしょうか」
　「～と思うのですが」

議長

❾ 進行3　発言を促す
他にご意見ご質問はありますでしょうか。／小山さん、いかがでしょうか。

---

❿ 進行4　意見を整理し、議論不足の点を話し合う
現在、季節は秋、ターゲットは女性、味はチョコレートという方向で話が進んでおりますが、共通点が見えてきたところで、アイスの形状について検討していきたいと思います。

⓫ 進行5　まとめ、閉会宣言
そろそろ時間になりますので、(5)本日の決定事項についてまとめたいと思います。

なお、(6)次回は○月○日の予定です。
これで本日の会議を終わりたいと思います。

(5) 決定したことを話す

(6) 次回の開催が決まっている時に通知する

Ⅴ 仕事の日本語力——7 会議

5 模擬会議

▶ 学んだことを活かし、模擬会議をしましょう。

3 の資料から、考えられるアイディアを「あなたの提案」にまとめましょう。
4 で練習した表現を積極的に使って、模擬会議をやってみましょう。

あなたの提案

発売時期

新商品案

1　コンセプト

2　ターゲット

3　形状・味

4　価格

会議メモ

---

6 課題（ふり返り）

▶ ワークシートに記入し、よかった点・改善点をふり返りましょう。

ワークシートへ　→

Ⅴ 仕事の日本語力

8 ビジネスメール　Business Email

何のために学ぶか

基本的なビジネスメールが書けるようになる
Writing basic business emails

構成

1. ビジネスメールの基本
2. ビジネスメールでよく使う表現
3. ビジネスメールの例
4. 課題1（署名欄の設定など）
5. 課題2（志望先企業にメールを書く）
6. 課題3（自分の上司にメールを書く）

達成目標チェック

自信あり
☐ ビジネスメールの基本を理解し、慣用的な表現が使える
You are able to understand business email rules and use basic expressions.

自信あり
☐ 承諾・依頼のメールが書ける
You are able to write emails for approval / request.

🍀 この課で覚える 19 の言葉

ビジネスメール	署名	慣用的な	承諾	依頼	発信
差出人	受信	宛先	件名	本文	宛名	結び
おわび	手数をかける	詳細（な）	箇条書き	応募	下記

167

1 ビジネスメールの基本

別冊解答 p.11〜12

▶ ビジネスメールの書式と書き方について学びましょう。

　ビジネスメールには、件名や宛名の書き方・挨拶表現などに様々なルールやマナーがあります。次のメールには不適切な箇所がいくつかあります。どこが不適切なのか、考えましょう。

メールの構成

- 発信者（差出人）
- 受信者（宛先）
- 件名
- 本文
  - ① 宛名
  - ② はじめの挨拶
  - ③ 用件
  - ④ 結びの挨拶
- 署名

From: Lovelove-tomc@efg.co.jp
To: info@shibuyacorp.com
Cc:
Bcc:
件名: 説明会のことで聞きたいです。

本文:
① ㈱渋谷物産様

② こんにちは。
トム・クラークです。

③ 今回、〇月〇日に御社の説明会があることを知りました。ぜひ参加したいのですが、今からでも申し込みは間に合うでしょうか。

④ ありがとうございました。

署名: Tom Clark （^.^）♪　トム・クラーク

ファイル　[ファイルを選択する]

[送信する]　[下書き保存する]　[キャンセルする]

2 ビジネスメールでよく使う表現

▶ 以下の表現の意味を確認し、メールを書くときに役立てましょう。

件名	・〜のお願い、〜のお礼、〜のおわび ・〜のご連絡、〜のご報告、〜のご挨拶、〜のご案内 ・〜の件、〜について
はじめの挨拶	・いつもお世話になっております。 ・初めてご連絡いたします。／突然のメールで失礼いたします。
お礼	・先日は〜いただき、ありがとうございました。
返信	・ご連絡をいただき、ありがとうございました。 ・メールを拝見しました。 ・お返事（ご返信）が遅くなり、申し訳ございません。
本題を切り出す	・早速ですが〜／さて〜／このたび〜 ・（状況説明）つきましては、（依頼の内容）
依頼	・（理由）ので、（名詞）をお願いできますでしょうか。 ・（理由）ので、（動詞 -て形）いただけますでしょうか。 ・（理由）ので、（動詞 -て形）いただくことは {できますでしょうか。／可能でしょうか。} ・（動詞 -て形）いただければ幸いです。
おわび	・お手数をおかけし、大変申し訳ございませんでした。 ・ご迷惑をおかけし、大変申し訳ございません。深くおわび申し上げます。 🚩「すみません」は使わない。
結びの挨拶	・どうぞよろしくお願いいたします。 ・何卒よろしくお願い申し上げます。
クッション言葉	・恐れ入りますが／お手数をおかけしますが／ご多忙とは存じますが／申し訳ございませんが 🚩依頼する時や断る時などに相手に柔らかく伝える言葉。

3 ビジネスメールの例

▶ 社外メールと社内メールの違いを理解しましょう。

1　社外メール

From：tomclark@shibuyacorp.com
To：honda@ABsyoji.co.jp
件名：新製品の発表展示会(1)のご案内

(2)株式会社ＡＢ商事
(3)総務部　課長　本田一郎様

いつもお世話になっております。
(4)渋谷物産営業部のトム・クラークです。

このたび弊社は、新商品の発表展示会を開催することになりました。つきましては、ご多忙とは存じますが、ご来場くださいますよう、下記の件、ご案内申し上げます。

　(5)日時：7月10日（金）10：00～17：00
　　場所：渋谷会館7階展示場
　　詳細：http://www.officeman.co.jp

なお、ご出欠のお返事は7月3日（金）までにいただければ幸いです。
お手数をおかけしますが、何卒よろしくお願い申し上げます。

(6)＊＊＊＊＊＊＊＊＊＊＊＊＊＊＊＊＊＊＊＊＊＊＊＊＊＊＊＊＊＊
(7)㈱渋谷物産　営業部
トム・クラーク
E-mail：tomclark@shibuyacorp.com
〒150-0002　渋谷区渋谷5丁目2番　渋谷ビル
電話番号：03-1234-5678
URL：http://www.shibuyacorp.com
＊＊＊＊＊＊＊＊＊＊＊＊＊＊＊＊＊＊＊＊＊＊＊＊＊＊＊＊＊＊

ポイント

(1) 用件がひと目でわかる件名、名詞止めの形がよい

(2) 相手の会社名は正式なものを書く
「株式会社」を㈱、有限会社を㈲と省略するのはNG

(3) 宛名は「部署名＋役職＋名前＋様」を入れる

(4) 自分の名前は「会社名＋部署名＋自分の名前」を入れる

(5) 日時、場所、詳細などは箇条書きにすると、わかりやすい

(6) 設定した署名を入れる

(7) 自社名は㈱だけでもOK

2　社内メール

From:	tomclark@shibuyacorp.com
To:	furukawa@shibuyacorp.com
件名:	7月10日新製品の発表展示会についての確認

(1)総務部　古川様

(2)お疲れ様です。営業部のクラークです。

7月10日の新商品発表展示会について、2点確認したいことがあります。

1．会場準備のサポートには、総務部から何名来ていただけますでしょうか。

2．発表者用のマイク3本は、そちらで用意していただけますか。

7月3日までにお返事をいただければ助かります。

どうぞよろしくお願いします。

営業部　トム・クラーク

(1) 会社名は不要。同じ部なら部署名も不要

(2) 社内の場合は「いつもお世話になっております」は使わない
「お疲れ様です」は会社によっては使わない場合もある

3　社外メールと社内メールの違い

別冊解答 p.12

▶ ①〜④に適切な言葉を入れましょう。

社外メール		社内メール
[会社名] [部署名]［役職］［名前］　様	宛名	①
②	はじめの挨拶	③
[会社名]［部署名］の［名前］です 初めて連絡する相手 [会社名＋部署名］の［名前］と申します	本文の中で名乗る	④

4 課題1（署名欄の設定など）

▶ 学んだことを活かして実際にメールの設定をしましょう。

❶ 自分のメールアドレスの確認をする
- 現在使用しているメールで日本語が文字化けする場合は、問題なく使えるメールアドレスを取得し、指導者などにメールを送って文字化けしないか確認する。
  ⚑ コンピューターなどで文字を表示する時に正しく表示されないこと。
  ⚑ できれば「就活専用メールアドレス」を作成し、情報を整理した方がよい。

❷ 発信者名の設定をする
- メールの「設定」や「オプション」から、自分の名前と所属を入力する
  例 Tom Clark（渋谷日本語学校）
　　林　怡思（渋谷物産）
  ⚑ きちんとフルネームにし、略称などは使わない。

❸ 署名欄の設定をする
- メールの「設定」や「オプション」から、自動入力の設定をしておく
- 署名は5～6行以内にまとめる
- 住所・TELといった自分の情報をきちんと入れる

署名の例

****
Tom Clark （トム・クラーク）
渋谷日本語学校
ビジネス日本語コース　学生
〒154-0017　東京都世田谷区世田谷6-1
　　　　　　世田谷ハウス201号室
TEL　090-3333-4444
tomclark@efg.co.jp
****

⚑ 学生の場合は自宅の連絡先を、会社員の場合は会社の連絡先を入れる。

❹ p.168「❶ビジネスメールの基本」にあるメールを、正しく書き直して自分のメールアドレスから指導者などに提出する
  ⚑ 「トム・クラーク」ではなく、自分の名前で書きましょう。

5 課題2（志望先企業にメールを書く）

別冊解答 p.13〜14

▶ 以下のメールを読みましょう。

志望先の企業から面接日を連絡するメールが来ました。内容を確認しましょう。

From：	yyamada@shibuyacorp.com
To：	tomclark@efg.co.jp
件名：	面接日のご連絡

トム・クラーク様

渋谷物産人事部の山田と申します。
このたびは弊社の面接にご応募いただきありがとうございます。
下記の通り、面接日が決まりましたのでご連絡いたします。

日時：○月○日　13：00
場所：弊社2F　会議室

ご都合の悪い場合は、こちらまでご連絡ください。
どうぞよろしくお願いいたします。

▶ このメールに返信のメールを作成しましょう。❶と❷は別々にメールを書いてください。

❶ 承諾のメール
❷ 日時の変更依頼のメール（理由：その日は学校の期末テストがあるため）

6 課題3（自分の上司にメールを書く）

別冊解答 p.15

▶ 以下の内容のメールを書きましょう。

　あなたは営業部の社員です。来週行うプレゼンの資料を作成したので、上司の小川課長にチェックしてほしいと思っています。依頼のメールを作成しましょう。
　資料は添付して送ることになっています。

CAN-DO チェックリスト

できない ← → できる

Ⅰ 学習の前に	1	目標設定	ビジネス日本語学習の目標が立てられる	1 2 3 4 5
			目標に基づき、今何を行うべきか考え、行動できる	1 2 3 4 5
Ⅱ 就活能力	1	自己紹介	就職活動の面接で、自己紹介できる	1 2 3 4 5
			自分の経歴を簡潔にまとめて話せる	1 2 3 4 5
			ビジネス場面にふさわしい表現が使える	1 2 3 4 5
			熱意が伝わる話し方ができる	1 2 3 4 5
	2	自己分析	自分にどんな仕事が適しているか、分析できる	1 2 3 4 5
			自分の長所・短所について話せる	1 2 3 4 5
			これまで一番頑張ったことについて話せる	1 2 3 4 5
	3	業界・業種・職種	業界・業種・職種の違いが理解できる	1 2 3 4 5
			自分の志望する業界・業種・職種が言える	1 2 3 4 5
			志望する業界の現状・展望について理解できる	1 2 3 4 5
	4	勤務の条件	日本の雇用形態、勤務条件（給与・手当・福利厚生）が理解できる	1 2 3 4 5
			求人情報を読み、自分の希望に合うか判断できる	1 2 3 4 5
	5	自己ＰＲ	自分の強みが言える	1 2 3 4 5
			具体的なデータを用いて、強みをアピールできる	1 2 3 4 5
			強みを仕事にどう活かすかについて話せる	1 2 3 4 5
	6	志望動機	志望動機が言える	1 2 3 4 5
			入社後に希望する仕事が言える	1 2 3 4 5
	7	履歴書・送付状	履歴書・送付状の書式とルールが理解できる	1 2 3 4 5
			履歴書の必要事項を漏れなく書ける	1 2 3 4 5
			送付状の必要事項を漏れなく書ける	1 2 3 4 5
	8	面接の受け方	入退室をマナーよく行うことができる	1 2 3 4 5
			面接で基本的な質問に答えられる	1 2 3 4 5
			面接後のお礼メールが書ける	1 2 3 4 5

分類		項目	内容	できない ←→ できる
Ⅲ 社会文化能力	1	異文化理解	時間の常識の違いについて理解できる	1 2 3 4 5
			異文化と共生するための柔軟な考え方ができる	1 2 3 4 5
	2	日本の地理	日本の地理的特徴・気候・災害などが理解できる	1 2 3 4 5
			日本の地域別特徴（県庁所在地、産業など）が理解できる	1 2 3 4 5
Ⅳ 社会人基礎力	1	プレゼンテーション	要旨をキーワード化してスライドを作成できる	1 2 3 4 5
			図表を用いて説明できる	1 2 3 4 5
			プレゼンに必要な表現を用いて発表できる	1 2 3 4 5
			聞き手にアピールする話し方ができる	1 2 3 4 5
	2	チームビルディング	チームのコンセンサス（合意）形成の過程が理解できる	1 2 3 4 5
			チームでよりよい結果を出すために行動できる	1 2 3 4 5
	3 4	ケーススタディ	仕事の現場で生じる問題について、当事者たちの気持ちや考えを推察できる	1 2 3 4 5
			問題解決策を見出すことができる	1 2 3 4 5
	5	報告・連絡・相談（報・連・相）	報告・連絡・相談の重要性が理解できる	1 2 3 4 5
			報告・連絡・相談の適切なタイミングと相手が判断できる	1 2 3 4 5
Ⅴ 仕事の日本語力	1	敬語	「ウチ」「ソト」の敬語の使い分けができる	1 2 3 4 5
			ビジネス場面で使用される、改まった丁寧な表現が使える	1 2 3 4 5
	2	挨拶	出社・退社時などに基本的な挨拶ができる	1 2 3 4 5
			社外の人への挨拶や自己紹介および他者の紹介ができる	1 2 3 4 5
			挨拶に合った立ち居ふるまいができる	1 2 3 4 5
	3	電話 受ける	電話の取り次ぎができる	1 2 3 4 5
			状況に合わせた電話応対ができる	1 2 3 4 5
			復唱して確認しながら、正しく伝言を受けることができる	1 2 3 4 5
			適切な敬語表現とあいづちが使える	1 2 3 4 5
	4	電話 かける	電話をかけ、取り次ぎを頼むことができる	1 2 3 4 5
			相手が不在の場合、伝言を頼むことができる	1 2 3 4 5
			留守番電話に伝言が残せる	1 2 3 4 5
			社内・社外の違いに応じた発信ができる	1 2 3 4 5
			適切な敬語表現とあいづちが使える	1 2 3 4 5

				できない ←――→ できる
Ⅴ 仕事の日本語力	5	電話 アポイントを取る	用件が正確に伝えられる	1　2　3　4　5
			相手の都合を確認しながら、日時を確認することができる	1　2　3　4　5
			適切な敬語表現を用いてアポイントが取れる	1　2　3　4　5
			アポイントの変更依頼ができる	1　2　3　4　5
			適切な敬語表現とあいづちが使える	1　2　3　4　5
	6	訪問	受付で挨拶し、用件が伝えられる	1　2　3　4　5
			上座・下座を判断できる	1　2　3　4　5
			名刺交換ができる	1　2　3　4　5
			天候・ニュース・相手についての話題で雑談できる	1　2　3　4　5
			本題の切り出しと締めくくりができる	1　2　3　4　5
			来客を迎える際の基本的な応対ができる	1　2　3　4　5
	7	会議	資料を読み、必要な情報を把握できる	1　2　3　4　5
			会議で適切な表現を使って意見が言える	1　2　3　4　5
			議長として議事進行ができる	1　2　3　4　5
	8	ビジネスメール	社内メールと社外メールの基本的なルールが理解できる	1　2　3　4　5
			承諾のメールが書ける	1　2　3　4　5
			依頼のメールが書ける	1　2　3　4　5

重要単語リスト

各課の「この課で覚える言葉」をまとめました。

この本の指示で使われる言葉 Terms Contained in This Book／书中用于指示内容的词汇／이 책의 지시로 쓰이는 말

改善点	かいぜんてん	an improvement／改进点／개선점
課題	かだい	a task／课题／과제
詳しい	くわしい	detailed／详细／상세하다, 자세하다
清書	せいしょ	a fair copy, to make a fair copy／誊清／정서, 정서,정서하다, 깨끗하게 적다
述べる	のべる	to describe／讲述／叙述／말하다, 진술하다
ふり返り	ふりかえり	review／回顾／돌이켜봄, 되돌아봄
模擬	もぎ	mock／模拟／모의
模範解答	もはんかいとう	a model answer／标准答案／모범 해답, 모범 답안

部門・役職名で使われる言葉 Terms for Departments and Titles／用在部门/职位上的词汇／부문·직함으로 쓰이는 말

部長	ぶちょう	a department director／部长／부장
課長	かちょう	a section chief／科长／과장
営業部	えいぎょうぶ	Department of Sales and Marketing／营业部／영업부
人事部	じんじぶ	Human Resources Department／人事部／인사부
総務部	そうむぶ	General Affairs Department／总务部／총무부

I-1 目標設定

目標	もくひょう	a goal／目标／목표
設定	せってい	a setting, to set／设定／설정, 설정하다
夢	ゆめ	a dream／梦／꿈
脳	のう	brain／大脑／뇌
潜在能力	せんざいのうりょく	potential abilities／潜在能力／잠재 능력
叶える	かなえる	to fulfill／实现／이루다
漠然	ばくぜん	vague／茫然／막연
願望	がんぼう	hopes／愿望／소원, 바람
明確な	めいかくな	clear／明确的／명확한
選択	せんたく	a choice, to choose／选择,做选择／선택,선택하다
期限	きげん	a deadline／期限／기한
具体的な	ぐたいてきな	concrete／具体的／구체적인
活躍	かつやく	a success, to play an important role／活跃／활약, 활약하다

II-1 自己紹介

自己紹介	じこしょうかい	self-introduction／自我介绍／자기소개
就活	しゅうかつ	a job hunting／就职活动／취업 활동, 구직 활동, 취업 준비
経歴	けいれき	background／经历／경력
学歴	がくれき	educational background／学历／학력
職歴	しょくれき	job background／工作经历／직업 경력
簡潔な	かんけつな	simple, brief／简洁的／간결한
熱意	ねつい	enthusiasm／热忱／열의
出身国	しゅっしんこく	country of origin／祖国／출신 국가
最終学歴	さいしゅうがくれき	one's final academic background／最高学历／최종 학력
専攻	せんこう	a major, to major／专业,选专业／전공, 전공하다
勤務	きんむ	work, to work／工作,做工作／근무, 근무하다
御社	おんしゃ	your good self／贵公司／귀사 (상대 회사를 높여부르는 말)
活かす	いかす	to take advantage of／活用／살리다, 활용하다
貢献	こうけん	a contribution, to contribute／贡献,做出贡献／공헌, 공헌하다

Ⅱ-2 自己分析(じこぶんせき)

自己分析	じこぶんせき	self-analysis／自我分析／자기 분석
エントリーシート		an entry sheet／报名表／입사 지원서
履歴書	りれきしょ	résumé／履历书／이력서
面接	めんせつ	an interview／面试／면접
強み	つよみ	one's strength／强项／강점
長所	ちょうしょ	one's strength／优点／장점
短所	たんしょ	one's weakness／缺点／단점
志向	しこう	an intention, to orient／志向／지향, 지향하다
頑張る	がんばる	to work hard／努力／노력하다, 분발하다
言語	げんご	a language／语言／언어
専門	せんもん	a speciality／专业／전문
資格	しかく	qualification／资格／자격
業務	ぎょうむ	a task／业务／업무
特技	とくぎ	a special skill／特技／특기
興味	きょうみ	an interest／兴趣／흥미
関心	かんしん	an interest／关心／관심
やりがい		something worth doing／值得的, 有价值的／보람

Ⅱ-3 業界(ぎょうかい)・業種(ぎょうしゅ)・職種(しょくしゅ)

業界	ぎょうかい	an industry／业界／업계
業種	ぎょうしゅ	a sector／行业／업종
職種	しょくしゅ	a job type／工种／직종
企業	きぎょう	a company／企业／기업
目指す	めざす	to pursue／…为目标／목표로 하다, 지향하다
金融	きんゆう	financial／金融／금융
保険	ほけん	insurance／保险／보험
証券	しょうけん	securities／证券／증권
営業	えいぎょう	sales, to sell and market／营业／영업, 영업하다
事務	じむ	desk work／文职／사무
経理	けいり	accounting／会计／경리
人事	じんじ	personnel affairs／人事／인사
製造	せいぞう	manufacture, to manufacture／制造／제조, 제조하다
商社	しょうしゃ	a trading company／商社／상사, 상사 회사
販売	はんばい	a sale, to sell／推销／판매, 판매하다
開発	かいはつ	a development, to develop／开发／개발, 개발하다
調達	ちょうたつ	procurement, to procure／调度／조달, 조달하다
物流	ぶつりゅう	logistics／物流／물류
就労	しゅうろう	employment, to work／劳务／취로, 취업, 노동에 종사하다, 취업하다
申請	しんせい	an application, to apply／申请／신청, 신청하다
特徴	とくちょう	characteristic／特征／특징
検索	けんさく	a search, to search／检索／검색, 검색하다
仕組み	しくみ	system／构造/结构／구조, 짜임새
現状	げんじょう	current situation／现状／현상 (현재의 상태)
動向	どうこう	current trend／动向／동향

Ⅱ-4 勤務(きんむ)の条件(じょうけん)

求人	きゅうじん	job opening／招工／구인
雇用形態	こようけいたい	employment status／雇用形式／고용 형태
勤務条件	きんむじょうけん	work conditions／工资待遇／근무 조건
福利厚生	ふくりこうせい	welfare／福利保障／복리후생

保障	ほしょう	security, to guarantee／保障／보장,보장하다
給与	きゅうよ	salary／工资／급여
手当	てあて	allowance／补助,津贴／수당
役員	やくいん	officer／董事／임원
正社員	せいしゃいん	full-time employee／正式工／정사원
非正規社員	ひせいきしゃいん	non-regular employee／非正式员工／비정규직 사원
取締役会	とりしまりやくかい	board of directors／董事会／이사회
専務	せんむ	managing director／专务(在公司决策方面辅助总经理,以及协助其对公司进行管理和监理)／전무
常務	じょうむ	executive director／常务(主持公司日常的各项工作,作为公司管理层的一员承担协助总经理的工作)／상무
監査役	かんさやく	auditor／监理／감사
管理職	かんりしょく	management／管理层／관리직
契約社員	けいやくしゃいん	contract employee／合同工／계약사원
派遣社員	はけんしゃいん	temporary staff／派遣职员／파견사원
請負	うけおい	contract／承包／하청, 도급
社会保険	しゃかいほけん	social insurance／社会保险／사회 보험
賞与	しょうよ	bonus／奖金／상여
有給休暇	ゆうきゅうきゅうか	paid holiday／带薪休假／유급 휴가
昇格	しょうかく	a promotion, to promote／升职／승격,승격하다
昇給	しょきゅう	a pay raise, to get a raise／提薪,涨工资／승급,승급하다
厚生年金	こうせいねんきん	welfare pension／福利退休金／후생 연금
雇用保険	こようほけん	employment insurance／雇用保险／고용보험
補償	ほしょう	compensation, to compensate／补偿／보상,보상하다
労災（労働災害）	ろうさい（ろうどうさいがい）	occupational accidents／劳动伤害／산재(노동 재해, 산업 재해)
基本給	きほんきゅう	basic salary／基本工资／기본급
試用期間	しようきかん	trial period／试用期／시용 기간, 수습 기간
就業時間	しゅうぎょうじかん	working hours／工作时间／취업 시간
介護	かいご	nursing care, to take care of／介护,护理／간호, 간병, 간호하다, 간병하다
年金	ねんきん	pension／退休金／연금
研修	けんしゅう	training, to train／研修／연수,연수하다
保養施設	ほようしせつ	recreational facility／疗养设施／보양 시설, 휴양 시설
額面	がくめん	face value／面额／액면
手取り	てどり	net income／实际收入／(세금 등을 공제하고) 실제로 받는 금액, 실수령액
採用	さいよう	employment, to employ／采用/录用／채용,채용하다

Ⅱ-5　自己PR

自己PR	じこPR	self PR／自我推荐／자기 PR
成果	せいか	acheivement／成果／성과
取引先	とりひきさき	client／合作伙伴／거래처
ニーズ		needs／需求／니즈, 필요성, 요구

Ⅱ-6　志望動機

志望動機	しぼうどうき	motivation／志愿理由／지망 동기, 지원 동기
特長	とくちょう	feature／特长／특장,특별한 장점
社風	しゃふう	corporate style／企业形象／사풍,회사 특유의 기풍
共感	きょうかん	sympathy,to sympathize／同感／공감,공감하다
理念	りねん	philosophy／理念／이념
事業	じぎょう	business／事业／사업
根拠	こんきょ	basis／根据／근거
魅力	みりょく	charm／魅力／매력

市場	しじょう	market／市场／시장
発揮	はっき	a demonstration, to demonstrate／发挥／발휘,발휘하다
開拓	かいたく	cultivation, to pioneer／开拓／개척,개척하다

Ⅱ-7 履歴書・送付状

履歴書	りれきしょ	résumé／履历书／이력서
送付状	そうふじょう	cover sheet／清单/发货单／송부장
書式	しょしき	format／格式／서식
職務経歴書	しょくむけいれきしょ	curriculum vitae (CV)／职务履历书／직무 경력서
別紙参照	べっしさんしょう	see attachment／参考附页／별지 참조
免許	めんきょ	license／执照／면허
資格	しかく	qualification／资格／자격
取得	しゅとく	an acquisition, to get／取得／취득,취득하다
空欄	くうらん	blank／空格／공란, 빈칸
控え	ひかえ	note／存根／부본, 사본
概要	がいよう	overview／概要／개요
同封	どうふう	an enclosure, to enclose／随信／동봉, 동봉하다
御中	おんちゅう	Dear (letter greeting)／亲启／귀중 (우편물을 받을 단체·회사 등의 이름 뒤에 붙이는 말)
部署	ぶしょ	department／部门／부서
貴社	きしゃ	(your) company／贵公司／귀사
添付	てんぷ	an attachment, to attach／添加附件／첨부,첨부하다
査収	さしゅう	a receipt, to receive／查阅, 查收／사수 (잘 조사하여 받음),사수하다 (잘 조사하여 받다)
機会	きかい	opportunity／机会／기회
署名	しょめい	a signature, to sign／署名/签字／서명,서명하다
拝啓	はいけい	Dear Sirs, (letter greeting)／拜上／근계 (삼가 아뢴다는 뜻으로 편지 첫머리에 쓰는 말)
敬具	けいぐ	Sincerely (letter closing)／此致敬礼／경구 (삼가 아뢴다는 뜻으로 편지 끝에 쓰는 말)
担当者	たんとうしゃ	person in charge／负责人／담당자

Ⅱ-8 面接

面接	めんせつ	an interview, to interview／面试／면접,면접하다
服装	ふくそう	clothing／服装／복장
入退室（入室・退室）	にゅうたいしつ（にゅうしつ・たいしつ）	entry/exit(entering the room, to enter a room/ leaving the room, to leave a room)／出入房间(进门/出门)／입퇴실 (입실,입실하다/퇴실,퇴실하다)
臨む	のぞむ	to face／面临／임하다
身だしなみ	みだしなみ	appearance／注意仪表／몸가짐, 차림새
清潔感	せいけつかん	cleanliness／清爽感／청결감
派手な	はでな	flashy／华丽的／화려한
名乗る	なのる	to identify oneself／自称／자기 이름을 대다
控え室	ひかえしつ	waiting room／休息室／대기실
伺う	うかがう	to ask／拜访／듣다, 묻다, 찾아뵙다 (겸양어)
案内	あんない	a guide, to guide／通知, 传达, 向导／안내,안내하다
一礼	いちれい	a bow, to bow／行礼／한 번 (가볍게) 인사함,한 번 (가볍게) 인사하다
ごまかし笑い	ごまかしわらい	nervous laughter／掩饰的笑／얼버무리는 웃음
原則	げんそく	principle／原则／원칙
精一杯	せいいっぱい	utmost／竭尽全力／힘껏, 온 힘을 다해

Ⅲ-1 異文化理解

異文化	いぶんか	different culture／异种文化／이문화
理解	りかい	understanding, to understand／理解／이해,이해하다
認識	にんしき	recognition, to recognize／认识／인식,인식하다
共生	きょうせい	symbiosis, to coexist／共生／공생,공생하다

価値観	かちかん	values／价值观／가치관
誤解	ごかい	a misconception, to misunderstand／误解／오해,오해하다
衝突	しょうとつ	a collision, to collide／冲突,起冲突／충돌,충돌하다
すれ違い	すれちがい	having opposing ideas／错过／엇갈림
感覚	かんかく	sense／感觉／감각
世代	せだい	generation／年代／세대
受け継ぐ	うけつぐ	inherit／继承／계승하다, 이어 받다
尊重	そんちょう	esteem, to esteem／尊重／존중, 존중하다
柔軟な	じゅうなんな	flexible／柔软的／유연한
客観的な	きゃっかんてきな	objective／客观的／객관적인
見直す	みなおす	to review／重新评估/重新做／다시 보다, 재검토하다

Ⅲ-2　日本の地理（にほんのちり）

地理	ちり	geography／地理／지리
地方	ちほう	region／地方／지방
都道府県	とどうふけん	prefectures／都道府县(相当于中国的省市自治区直辖市)／도도부현(일본의 행정 구역의 총칭)
県庁所在地	けんちょうしょざいち	prefectural office location／县政府所在地(相当于中国的省政府所在地)／현청 소재지
産業	さんぎょう	industry／产业／산업
世界遺産	せかいいさん	world heritage／世界遗产／세계 유산
地形	ちけい	terrain／地形／지형
気候	きこう	climate／气候／기후
交通	こうつう	transportation／交通／교통
平野	へいや	plain／平原／평야
森林	しんりん	a forest／森林／삼림
河川	かせん	river／河流／하천
平均気温	へいきんきおん	average temperature／平均气温／평균 기온
人口	じんこう	population／人口／인구
高齢者	こうれいしゃ	senior citizens／老年人／고령자
水産業	すいさんぎょう	fishing industry／水产业／수산업
繊維産業	せんいさんぎょう	textile industry／纺织业／섬유 산업
鉄鋼業	てっこうぎょう	steel industry／冶金业／철강 산업
工業地帯	こうぎょうちたい	industrial area／工业地帯／공업 지대

Ⅳ-1　プレゼンテーション

プレゼンテーション		presentation／报告演讲／프레젠테이션
ノウハウ		know-how／诀窍／노하우
実践	じっせん	practice, to practice／实践／실천,실천하다
提案	ていあん	a suggestion, to suggest／提案／제안,제안하다
企画	きかく	a plan, to plan／企划／기획,기획하다
情報伝達	じょうほうでんたつ	information transmission／传达信息／정보 전달
聞き手	ききて	listener／聆听者／듣는 사람, 청자
提示	ていじ	a presentation, to present／提示／제시,제시하다
発表者	はっぴょうしゃ	presenter／演讲者／발표자
アイコンタクト		eye contact／目光接触／아이 콘택트, 눈맞춤
リアクション		reaction／反应／리액션, 반응
フォローアップ		follow up／跟进／폴로 업, 후속 조치, 보완 조치
誘致	ゆうち	attraction, to attract／吸引／유치,유치하다
質疑応答	しつぎおうとう	question-and-answer session／疑问答辩／질의응답
序論	じょろん	introduction／序论／서론
本論	ほんろん	this paper (main discourse)／主题／본론

謝意	しゃい	appreciation／感恩／사의, 감사의 뜻
所要時間	しょようじかん	time required／所需時間／소요 시간
取捨選択	しゅしゃせんたく	choice, to make a choice／选择取舍／취사선택, 취사선택하다
原稿	げんこう	draft／原稿／원고
清聴	せいちょう	attention, to listen carefully／聆听／경청, 경청하다
目次	もくじ	table of contents／目录／목차
誤字脱字	ごじだつじ	typo／错字漏字／오탈자
時間配分	じかんはいぶん	time allocation／时间分配／시간 배분
イントネーション		intonation／语调／인토네이션, 억양

Ⅳ-2 チームビルディング

チームビルディング		team building／团队建设／팀빌딩
状況判断	じょうきょうはんだん	situation judgment／判断情况／상황 판단
コンセンサス		consensus／一致／컨센서스, 의견 일치, 합의
合意	ごうい	an agreement, to agree／同意／합의, 합의하다
形成	けいせい	a formulation, to form／构成／형성, 형성하다
プロセス		process／程序／프로세스, 과정
バックグラウンド		background／背景／백그라운드, 배경
把握	はあく	a grasp, to grasp／掌握／파악, 파악하다
採点	さいてん	a score, to grade／评分／채점, 채점하다
多数決	たすうけつ	majority vote／多数决定原则／다수결
心がける	こころがける	to keep in mind／注意／유념하다, 유의하다
遠慮	えんりょ	caution, to refrain from／客气／谢绝／사양, 삼감; 사양하다, 삼가다
納得	なっとく	a conviction, to convince／认可／理解／납득, 납득하다
批判	ひはん	a criticism, to criticize／批评／비판, 비판하다

Ⅳ-3 ケーススタディ①

ケーススタディ		case study／专题研究／케이스 스터디, 사례 연구
当事者	とうじしゃ	a party／当事人／당사자
ディスカッション		discussion／讨论／디스커션, 토론, 토의
視野	しや	view／眼界／시야
解決策	かいけつさく	solution／解决方法／해결책
見出す	みいだす	to find out／发现／找到／찾아내다, 발견하다
上司	じょうし	boss／上级／상사
専門商社	せんもんしょうしゃ	specialized trading company／专业贸易公司／专业商社／전문 상사
交渉	こうしょう	a negotiation, to negotiate／交涉／교섭, 교섭하다
通訳	つうやく	an interpretation (interpreter), to interpret／口译, 做口译／통역, 통역하다
翻訳	ほんやく	a translation, to translate／翻译, 做翻译／번역, 번역하다
会食	かいしょく	dining together, to dine／会餐/聚餐／회식, 회식하다
取引先	とりひきさき	trading partner, client／合作方／거래처
下書き	したがき	a draft, to draft／草稿, 写草稿／초안
席を外す	せきをはずす	to be away from one's seat／离开座位／자리를 비우다

Ⅳ-4 ケーススタディ②

慣習	かんしゅう	custom／习惯／습관
歓迎会	かんげいかい	welcome party／欢迎会／환영회
拡大	かくだい	an expansion, to expand／扩大／확대, 확대하다
増員	ぞういん	an increase in number, to increase／增员, 增加人员／증원, 증원하다
配属	はいぞく	assignment, to assign／分配／배속, 배치하여 소속시킴, 배속하다, 배치하여 소속시키다
転職	てんしょく	a job change, to change jobs／转职／전직, 전직하다
送別会	そうべつかい	farewell party／欢送会／송별회

一体感	いったいかん	sense of unity／整体感／일체감
一環	いっかん	part／一环／일환
残業代	ざんぎょうだい	overtime pay／加班费／잔업 수당, 초과 근무 수당
援助	えんじょ	assistance, to support／援助／원조, 보조, 원조하다, 보조하다
駐在	ちゅうざい	a resident, to reside／驻在／주재 (직무상으로 파견되어 한곳에 머물러 있음), 주재하다
懇親	こんしん	friendship／亲密／간친, 친목
雰囲気	ふんいき	atmosphere／气氛／분위기
特別扱い	とくべつあつかい	special treatment, to handle specially／特别照顾,给特殊照顾／특별 취급,특별 취급하다

Ⅳ-5 報告・連絡・相談（報・連・相）

報告	ほうこく	a report, to report／报告,做报告／보고,보고하다
連絡	れんらく	a contact, to contact／联络／연락,연락하다
相談	そうだん	a consultation, to consult／商量／상담,상담하다
共有	きょうゆう	a share, to share／共享／공유,공유하다
遂行	すいこう	an accomplishment, to carry out／执行／수행,수행하다
進捗状況	しんちょくじょうきょう	progress／进步状况／진척 상황
先輩	せんぱい	senior／前辈／선배
部下	ぶか	subordinate／下属／부하
同僚	どうりょう	colleague／同事／동료
得意先	とくいさき	customer／合作公司／단골 거래처
クレーム		claim／投诉／클레임, 불만
至急	しきゅう	urgent／急迫／지급, 매우 급함
出向く	でむく	to go (proceed)／前往／(목적한 장소로) 나가다
遅延	ちえん	a delay, to be late／延迟／지연,지연하다
始業時間	しぎょうじかん	starting time／开业时间／업무 개시 시간

Ⅴ-1 敬語

敬語	けいご	honorific expressions／敬语／경어
丁寧な	ていねいな	polite, careful／礼貌的/细致的／정중한
尊敬語	そんけいご	honorific language／尊敬语／존경어
謙譲語	けんじょうご	humble language／谦让语／겸양어
丁寧語	ていねいご	polite language／礼貌语／정중어
多忙な	たぼうな	busy／忙碌／다망, 매우 바쁨
依頼	いらい	a request, to request／委托／의뢰,의뢰하다
ご無沙汰	ごぶさた	long silence／好久没见／오랫동안 격조함(뜸함)
来客	らいきゃく	visitor／来客／방문객
承知	しょうち	consent, to acknowledge／赞同/同意／알아들음, 승낙함, 동의함,알아든다, 승낙하다, 동의하다
配慮	はいりょ	consideration, to consider／关怀／배려,배려하다

Ⅴ-2 挨拶

挨拶	あいさつ	a greeting, to greet／寒暄／인사,인사하다
出社	しゅっしゃ	an arrival, to go to work／上班／출근, 출근하다
退社	たいしゃ	to go home from work／下班／퇴근, 퇴근하다
外出	がいしゅつ	an outing, to go out／外勤／외출, 외출하다
立居ふるまい	たちいふるまい	attitude, manner／行为举止／행동거지, 거동
雑談	ざつだん	a chat, to chat／闲谈／잡담,잡담하다
指摘	してき	suggestion, to make a suggestion／指出／지적,지적하다
謝る	あやまる	to apologize／道歉／사죄, 사과하다
会釈	えしゃく	a nod, to bow／点头／(머리 숙여) 가볍게 인사함,(머리 숙여) 가볍게 인사하다
口調	くちょう	tone／音调/语调／어조

席を外す	せきをはずす	to be away from one's seat／离开座位／자리를 비우다
弊社	へいしゃ	our company／本公司／폐사 (자기 회사를 낮추어 이르는 말)
職場	しょくば	workplace／职场/工作岗位／직장

V-3　電話　受ける

電話応対	でんわおうたい	telephone reception／电话服务／전화 응대
取り次ぎ	とりつぎ	a transfer (phone call)／转接／연결
不在	ふざい	absence／不在／부재
取り次ぐ	とりつぐ	to transfer (a phone call)／代理/传达／연결하다
かけ直す	かけなおす	to call back／重拨/拨回去／다시 걸다
伝言	でんごん	a message, to inform／留言／전언, 말을 전함, 전언하다, 말을 전하다
承る	うけたまわる	to receive／获悉/敬悉／삼가 듣다, 삼가 받다
第一声	だいいっせい	first voice／第一声／제일성, 제일 처음 꺼내는 말
保留	ほりゅう	on hold, to hold／保留／보류,보류하다
復唱	ふくしょう	a repetition, to repeat／重复／복창,복창하다
直行	ちょっこう	a direct line, to go straight／直接去/直达／직행,직행하다
直帰	ちょっき	to go home directly without returning to the office／直接回／현장 귀가 (퇴근), 현장에서 바로 귀가 (퇴근) 하다
至急	しきゅう	urgent／紧急／지급, 매우 급함
指名	しめい	a name, to name／提名/点名／지명,지명하다
欠勤	けっきん	absence, to be absent／缺勤／결근,결근하다
出張	しゅっちょう	a business trip, to travel (on business)／出差／출장,출장가다
来客	らいきゃく	visitor／来客／방문객
外出先	がいしゅつさき	outside (the office)／外勤地／외출처

V-4　電話　かける

在席	ざいせき	presence, to be present／在位／재석, 자기 자리에 있음,자리에 있다
都合	つごう	convenience／方便／형편, 상황
内線	ないせん	extension／内线／내선
先約	せんやく	prior commitment／优先预约／선약
問い合わせ	といあわせ	inquiry／咨询／문의
納品	のうひん	delivery, to deliver／交货／납품,납품하다
改めて	あらためて	once again／重新／다시, 새롭게
後日	ごじつ	at a later date／改天／후일
出先	でさき	destination／当地／가 있는 곳, 출장지
差し支える	さしつかえる	interfere／妨碍／지장이 있다
追加	ついか	an addition, to add／追加／추가,추가하다
用件	ようけん	matter／事／용건

V-5　電話　アポを取る

アポイント		appointment／预约／약속
切り出す	きりだす	to cut out／提起／말을 꺼내다
説明会	せつめいかい	briefing (explanation)／说明会／설명회
変更	へんこう	a change, to change／变更／변경,변경하다

V-6　訪問

訪問	ほうもん	a visit, to visit／拜访／방문, 방문하다
名刺交換	めいしこうかん	business card exchange／交换名片／명함 교환
応接室	おうせつしつ	reception room／接待室／응접실
手土産	てみやげ	souvenir (gift)／礼品／(방문할 때 들고가는) 간단한 선물
本題	ほんだい	main question／主题／본제, 본론
新規	しんき	new／新／신규

上座	かみざ	seat of honor／主座/上座／상석, 윗자리
下座	しもざ	lower seat／下座／말석, 아랫자리
（名刺を）切らす	めいしをきらす	to run out (of business cards)／（名片)用完／(명함이) 떨어지다
召し上がる	めしあがる	to eat／用餐／드시다 (마시다,먹다의 높임말)
気遣い	きづかい	worry／关心／마음을 씀, 염려하다
恐縮	きょうしゅく	gratefulness, to be grateful／惶恐/羞愧／죄송, 송구, 송구하다, 송구하다
頂戴	ちょうだい	to receive／承受/接受／(윗 사람으로부터) 받음, 받다
貴重な	きちょうな	precious／贵重的／귀중한
名刺入れ	めいしいれ	business card holder／名片夹／명함집

V-7　会議（かいぎ）

会議	かいぎ	conference／会议／회의
売上	うりあげ	earnings／销售额／매상, 매출
当社	とうしゃ	this company／本公司／당사
実績	じっせき	performance／业绩／실적
著しい	いちじるしい	remarkable／显著／현저하다, 두드러지다
底上げ	そこあげ	a raise, to raise／提升／최저 수준을 끌어올림, 최저 수준을 끌어올리다
議題	ぎだい	agenda／议提／의제
売上高	うりあげだか	amount of sales／销售额／매출액
消費	しょうひ	consumption, to consume／消费／소비, 소비하다
議長	ぎちょう	chairman／议长／의장
発言	はつげん	a remark, to speak／发言／발언, 발언하다
促す	うながす	to urge／促使/催促／재촉하다, 촉구하다
許可	きょか	an authorization, to give permission／认可／허가, 허가하다
求める	もとめる	to request／要求／구하다, 바라다
反論	はんろん	an objection, to object／反驳／반론, 반론하다
ターゲット		target／目标／타깃, 표적, 목표
コンセプト		concept／概念／콘셉트, 개념

V-8　ビジネスメール

ビジネスメール		business email／业务邮件/商务邮件／비즈니스 메일
署名	しょめい	a signature, to sign／签名／서명, 서명하다
慣用的な	かんようてきな	idiomatic／普遍的／관용적인
承諾	しょうだく	consent, to accept／同意／승낙, 승낙하다
依頼	いらい	a request, to request／委托／의뢰, 의뢰하다
発信	はっしん	a transmission, to send／送信/发件／발신, 발신하다
差出人	さしだしにん	from／发件人／발신인, 발송인
受信	じゅしん	reception, to receive／收件／수신, 수신하다
宛先	あてさき	destination／收件人／수신인, 수신인의 주소
件名	けんめい	subject／主题／건명, 제목
本文	ほんぶん	text／内容／본문
宛名	あてな	address／收件人名／수신인명
結び	むすび	conclusion／结局／맺음, 끝맺음
おわび		an apology, to apologize／道歉／사과, 사과하다
手数をかける	てすうをかける	to take extra steps／添麻烦／수고를 끼치다
詳細（な）	しょうさいな	details, detailed／详细的, 详细／상세한, 상세
箇条書き	かじょうがき	bullet／逐条记载／조목(항목)별로 씀
応募	おうぼ	an application, to apply／报名／응모, 응모하다
下記	かき	the following／如下／하기

本書に出てくる人物・会社などは、注記のないかぎり、すべて架空のものです。

音声（国書刊行会ホームページよりダウンロード）は、テキストでバリエーションがある場合（例：〇月〇日などの表記）、具体的な数字などを入れてあります。

巻末の「重要単語リスト」は、各課の「この課で覚える言葉」にあわせ、基本的に本文中に出てくる順になっています。また、学習者の利便を考え、重複している語も、そのまま掲載してあります。

写真提供（74ページ、掲載順）
- **知床**　提供　知床斜里町観光協会
- **富岡製糸場と絹産業遺産群**　画像提供　富岡市
- **白川郷・五箇山の合掌造り集落**　写真提供　岐阜県白川村役場
- **姫路城**　提供　姫路市
- **原爆ドーム**　提供　広島市
- **縄文杉**　写真提供　公益社団法人屋久島観光協会

参考文献（順不同）
- 八代京子・荒木晶子・樋口容視子・山本志都・コミサロフ喜美『異文化コミュニケーション・ワークブック』（三修社、2001年）
- 茂木健一郎『脳をやる気にさせるたった1つの習慣』（ビジネス社、2010年）
- 独立行政法人 日本学生支援機構「外国人留学生のための就活ガイド2019」
- 独立行政法人 日本学生支援機構「外国人留学生のための就活ガイド2024」

参考サイト（順不同）
- 総務省統計局ホームページ
  「人口推計」
  「日本の統計2022」
  「第七十二回日本統計年鑑　令和5年」
- 国土交通省ホームページ
  「令和3年（暦年・年度）空港別順位表」
- 経済産業省ウェブサイト
  「2020年工業統計表　地域別統計表」
- 農林水産省ウェブサイト
  「令和3年漁業・養殖業生産統計」
  「令和4年産水陸稲の時期別作柄及び収穫量」
- 気象庁ホームページ
  「東京　日平均気温の月平均値（℃）」ほか
- 入国管理局ホームページ
  「在留資格一覧表」

編著者紹介

編　者	学校法人長沼スクール 東京日本語学校	
	理事長　長沼一彦	
	http://www.naganuma-school.ac.jp/jp/	

監　修　小島美智子（学校法人長沼スクール東京日本語学校　元校長）

著　者　植木　香（特別コース教員）
　　　　共著：『改訂版　完全マスター１級日本語能力試験文法問題対策』（スリーエーネットワーク）
　　　　　　　『実力アップ！　日本語能力試験シリーズ　Ｎ１〜Ｎ３』（ユニコム）
　　　　　　　『新日本語能力試験・高得点 Pass シリーズ　超級表現＋使える名句』（ユニコム）

　　　　木下由紀子（ビジネス日本語コース教員）
　　　　ACTFL OPI 日本語テスター資格取得者

　　　　藤井美音子（ビジネス日本語コース教員）
　　　　ACTFL OPI 日本語テスター資格取得者

翻訳　英語	渡辺レイチェル		造本・DTP	オッコの木スタジオ
中国語	李鶴松（国書国際医療サービス）		装幀	折原カズヒロ
	林靖明（国書日本語学校）		イラスト	花色木綿
韓国語	趙恩馨（韓国・時事日本語社）		音声制作	高速録音株式会社

「指導者用手引き」パスワード
naganuma2018-kokusho

伸ばす！　就活能力・ビジネス日本語力
日本で働くための「４つの能力」養成ワークブック

2018 年　4 月 10 日　初版　第 1 刷　発行
2024 年　4 月 15 日　初版　第 7 刷　発行

学校法人長沼スクール 東京日本語学校　編

小島美智子　監修

植木香・木下由紀子・藤井美音子　著

発行者　　佐藤今朝夫

発行所　　国書刊行会

〒174-0056　東京都板橋区志村 1-13-15
電話 03-5970-7421　ファックス 03-5970-7427
https://www.kokusho.co.jp　　　　　　　　©2018 The Naganuma School, Kokushokankokai Inc.

印刷・製本　株式会社シーフォース　　　　　　　　落丁本・乱丁本はお取り替えいたします。
　　　　　　　　　　　　　　　　　　　　　　　　ISBN　978-4-336-06222-2

Ⅰ 学習の前に

1 目標設定(もくひょうせってい)

ワークシート

今の目標(もくひょう)

年　　月　　日

名前 _____

II 就活能力

1 自己紹介(じこしょうかい)

ワークシート

_____年_____月_____日　名前_____

▶ 自己紹介を清書(せいしょ)しましょう。(300字程度(ていど))

III 就活能力

2 自己分析　　　ワークシート

＿＿＿＿年＿＿＿月＿＿＿日　名前＿＿＿＿＿＿＿＿＿＿＿＿

▶ 次の1〜3について、それぞれ1分以内で話せるように、まとめて書きましょう。

1 長所

私の長所は　　　　　　　　　　　　　　　　　　　　　ところです。

2 短所

私は少し　　　　　　　　　　　　　　　　　　　　ところがあります。

3 これまでで一番頑張ったこと

これまでで一番頑張ったことは、　　　　　　　　　　　　　　　です。

Ⅱ 就活能力

3 業界・業種・職種

ワークシート

_____ 年 _____ 月 _____ 日　名前 _____

▶ あなたが行きたい業界について調べ、まとめましょう。

志望する業界名	
その業界に興味を持った理由	
業界の現状	
業界の展望 （将来性や課題）	
興味がある企業名	

Ⅱ 就活能力

4 勤務の条件

ワークシート

　　　　年　　　月　　　日　名前＿＿＿＿＿＿＿＿＿＿＿＿＿＿

▶ 自分の興味のある企業の採用情報を見て、まとめましょう。

会社名	
雇用形態	
職種	
給与	
休日	
社会保険	
福利厚生	
その他	

II　就活能力

5　自己PR

ワークシート

　　　　　　年　　　月　　　日　　名前＿＿＿＿＿＿＿＿＿＿＿＿＿＿

▶ 自己PRを清書しましょう。

Ⅱ 就活能力

6 志望動機

ワークシート

　　　　　　年　　　月　　　日　名前＿＿＿＿＿＿＿＿＿＿＿＿＿＿＿＿

▶ 志望動機を清書しましょう。

志望業界：＿＿＿＿＿＿＿＿＿＿＿＿＿＿＿　志望企業：＿＿＿＿＿＿＿＿＿＿＿＿＿＿＿

Ⅱ 就活能力

8 面接の受け方

ワークシート

_____年_____月_____日 名前_____

模擬面接 ふり返り

		できなかった ← → できた
❶	**マナー** 入退室時の動作や挨拶が適切だったか。	1　2　3　4　5
❷	**質問** 正しく理解できたか。	1　2　3　4　5
❸	**応答** 質問に合った答えが言えたか。	1　2　3　4　5
❹	**日本語力** 間違えずに正しく使えたか。	1　2　3　4　5
❺	**発声** 声の大きさは適切だったか。	1　2　3　4　5
❻	**発音** 正しい発音で話せたか。	1　2　3　4　5
❼	**熱意** 熱意が伝えられたか。	1　2　3　4　5

これからの課題 🚩 自分で気づいた点、他者からのアドバイスで気づいた点をまとめましょう。

指導者コメント

Ⅳ 社会人基礎力

1 プレゼンテーション

ワークシート

　　　　　年　　　月　　　日　　名前_____

プレゼンテーション　ふり返り

	できなかった　　　　　できた
❶ **スライド** グラフや表などが効果的に使われ、「見せる」スライドになっていたか。	1　2　3　4　5
❷ **説得力のある内容** 目的に沿った内容で、重要なポイントを熱意をもって聞き手に伝えられたか。	1　2　3　4　5
❸ **文法・語彙・表現** 正しい文法で話し、ビジネス場面にふさわしい語彙や表現を使っていたか。	1　2　3　4　5
❹ **時間** 時間配分を考え、時間内に終わることができたか。	1　2　3　4　5
❺ **声の大きさ・発音・スピード** 適切な声の大きさと話すスピードで、聞き取りやすい発音で話せたか。	1　2　3　4　5
❻ **聞き手に対する意識** アイコンタクトをとり、聞き手に問いかけができたか。	1　2　3　4　5
❼ **協調性**（グループの場合） メンバーと協力し合い、チームワークよく活動できたか。	1　2　3　4　5

感想

指導者コメント

Ⅳ 社会人基礎力

2 チームビルディング

ワークシート

　　　　　年　　　月　　　日　名前＿＿＿＿＿＿＿＿＿＿＿＿＿＿＿＿

コンセンサス（合意）ゲーム　ふり返り

1 個人で

	できなかった　　　　　　　できた
❶ 相手が納得できるように、論理的に伝えられたか。	1　2　3　4　5
❷ 自分が意見を変えるときは、十分に納得できたか。	1　2　3　4　5

2 チームで

❶ チームの方針を一致させることができたか。　　　　　（ はい ・ いいえ ）

❷ アイテムの使い方について合意できたか。　　　　　　（ はい ・ いいえ ）

❸ こうすればよかったと思うこと

❹ チームでよりよい結果を出すために大切なこと

❺ チームビルディングの感想

V 仕事の日本語力

7 会議（かいぎ）

ワークシート

_____年_____月_____日　名前_____

模擬会議（もぎかいぎ）　ふり返り（かえり）

	できなかった　　　　できた
❶ 積極的（せっきょくてき）に自分の意見が言えたか。	1　2　3　4　5
❷ 他（ほか）のメンバーの意見をよく聞けたか。	1　2　3　4　5
❸ 習った表現（ひょうげん）を使って意見が言えたか。	1　2　3　4　5
❹ 他のメンバーの意見について疑問点（ぎもんてん）がある時、質問（しつもん）できたか。	1　2　3　4　5
❺ 資料（しりょう）に基（もと）づき、課題（かだい）を考慮（こうりょ）した新商品案（しんしょうひんあん）が出せたか。	1　2　3　4　5

感想（かんそう）

指導者（しどうしゃ）コメント

伸ばす！就活能力・ビジネス日本語力

日本で働くための「4つの能力」養成ワークブック

解答・解説

国書刊行会

II　就活能力

4　勤務の条件

2　雇用形態による勤務条件の違い　p.32

質問1　正社員、契約社員、一部の派遣社員（仕事内容や契約条件による）

質問2　雇用期間があるのが契約社員で、ないのが正社員。契約社員は契約を更新できれば勤務を続けることもできる。正社員は基本的に解雇されたり自分で退職しない限り、その企業で働ける。

5　自己PR

1　自己PRを考える　p.36

経歴／自分の強み

6　志望動機

1　志望動機を考える　p.40

なぜその企業に入りたいのか

8　面接の受け方

5　お礼メールの書き方　p.60

解答例

❶・貴社で働きたい
　・貴社で〇〇の仕事がしたい

❷・一日も早く仕事を覚え、貴社に貢献できる
　・お客様に喜ばれるサービスを提供できる
　・貴社の製品を世界に広められる

III　社会文化能力

1　異文化理解

4　異文化の中で働くには　p.66

解答例

・周りの人の習慣と仕事のやり方を観察する。
・なぜそのようなやり方をしているのか、理解しようと努力する。
・理解できないことがあった時は、周りの人（上司や同僚）と話し合い、自分の考えを伝える。
・たとえ理解できないことがあっても、それは悪いことではないという考えを持つ。相手を否定したり非難したりしない。
・お互いの文化を尊重する。

2 日本の地理

1 日本の地方・都道府県・県庁所在地 p.68

1　地方区分テスト
① 北海道　② 東北　③ 関東　④ 中部
⑤ 近畿　⑥ 中国　⑦ 四国　⑧ 九州

2 日本の地理クイズ p.71〜72

1. ① 北海道　② 本州　③ 四国　④ 九州
2. ①1　②1　③2　④43
3. c
4. ①a　②d／e　③e／d
 (②、③は順不同)
5. c
6. ①b　②c
7. ①b　②c
8. ①a　②c
9. ①d　②b
10. ①b　②d

3 産業クイズ p.73

1. c
2. d
3. d

4 世界遺産クイズ p.74

② f　③ d　④ g　⑤ b　⑥ c　⑦ a

5 新幹線クイズ p.75

② 東北　③ 秋田　④ 山形　⑤ 上越
⑥ 北陸　⑦ 東海道　⑧ 山陽　⑨ 九州

6 主な空港クイズ p.75

① 東京国際（羽田）　② 成田国際
③ 関西国際　④ 福岡　⑤ 新千歳　⑥ 那覇
⑦ 大阪国際　⑧ 中部国際　⑨ 鹿児島
⑩ 仙台

7 まとめクイズ p.76

① 北海道　② 本州　③ 四国　④ 九州
⑤ 47　⑥ 森林／河川(川)
⑦ 河川(川)／森林　⑧ 地震　⑨ 太平洋
⑩ 雨　⑪ 1　⑫ 8　⑬ 1億2500万
⑭ 高齢　⑮ 愛知　⑯ 新潟県　⑰ 北海道
⑱ 秋田県　⑲ 例 富士山　⑳ 例 姫路城
(⑥、⑦は順不同)

Ⅳ　社会人基礎力

2　チームビルディング　p.89

NASAの専門家による模範解答の1つ

この状況で最も安全なのは、留まり、助けを求めることだが、救助隊がたどり着けない場合は、基地に向かわなければならない。以下はあなたが基地に到達するのを助けるためのランキングである。

ランク	アイテム	理由
1	酸素タンク2本	月に大気がないので、酸素は生存に一番必要（平均で一人一日で0.84kg）。
2	38ℓの水	月には氷はあるが液体の水がないと思われる。
3	食料	乾燥した食料はよい栄養源で持ち運びやすい。
4	ソーラー式無線送受信機	あなたが基地に向かっている間に基地の人があなたを探すことができる。互いの連絡手段として有効。
5	救急セット	どこにいても、病気やけがの場合に、薬や痛み止めは有効。
6	月面の地図	位置を特定し、移動ルートを見つけるために欠かせない。
7	宇宙服修理キット	宇宙服は厳しい環境から身を守るもの。月のとがった土で穴が空きやすいので、修理のために必要。
8	15mのロープ	崖・クレーターなど悪路の移動、けがを防ぐ、歩けない人がいたら、その人と他の人を結ぶ、などに役に立つ。
9	宇宙用ブランケット	体から熱が逃げるのを防ぐ（素材が、体温の80％を逃がさない）。強い太陽光から身を守る、などに役に立つ。
10	信号を送る鏡	日中の交信手段として重要。月面の日光は地球よりも強力で、さえぎるものがない。
11	ポータブルライト	夜間の移動に使える。
12	ライフボート	重いものを運ぶために使えるが、鋭い土で破れやすい。
13	シルク地のパラシュート	他のアイテムと比べるとあまり役に立たない。
14	磁気コンパス	月には磁場がないため、役に立たない。
15	マッチの入った箱	月には酸素がほとんどないので、役に立たない。

原文の一部を翻訳しています。

3 ケーススタディ①

2 ケースに関する話し合い　p.97〜98

解答例

❶ ・自分は尊敬されていない。
・自分を無視した・自分を通り越して取引先と連絡を取ったことに腹が立つ。
・ヤンさんは日本での仕事のやり方を理解していない。

❷ ・叱られてショックを受けた・傷ついた・課長の対応にがっかりした。
・もう任せてもらっても大丈夫なのに、信頼されていない。
・課長が何も言わずに出かけたのが悪い。

❸ よくない点
「十分においしい」「満足した」という言い方は上の立場から評価しているように聞こえるので不適切。

よい言い方の例
・「料理もとてもおいしく、楽しい時間を過ごすことができました」
・「料理も大変おいしかったです。本当にありがとうございました」

❹ 課長
問題点
・自分の出した指示が部下に伝わっているか確認していない。
・いつ戻るか言わないで席を外した。

どうすればいいか
・指示を変える。
　例「見せてから送ってね」
　　→「書き終わったら見せてね」
・席を外す時は、どこに行くのか、何時に戻るかわかるようにしておく。

ヤンさん
問題点
・「メールがちゃんと書けた」と勝手に判断した。
・上司の指示に従わなかった（見せずに送った）。
・日本語力不足／自分の力に自信を持ちすぎている。

どうすればいいか
・自分勝手に判断しない。
・上司に見せるために帰りを待つ。
・先に帰る場合は、書いたものを上司にメールしたり机の上にメモを残して帰る。
・判断に迷った時は、周囲の人に相談する。
・自分の力を過信せずに、日本語を学び続ける姿勢を持つ。

3 タスク　p.98

解答例

> 寺田課長
> 　N商事へのお礼メールを書きました。課長にメールで送りましたので、ご確認をお願いします。申し訳ありませんが、今日は約束がありますので、お先に失礼します。

ポイント

先に帰る理由や、「申し訳ありませんが」などのクッション言葉があれば、相手への配慮を示すことができ、人間関係を円滑に保てる。

4 ケーススタディ②

2 ケースに関する話し合い　p.101

解答例

❶ ・プライベートの時間のほうが大切だ。

- 仕事の一環と言っているのに、残業代が出ないのはおかしい。
- 歓迎会を開いてもらっても、お酒が好きではないので楽しめないだろう。

❷
- 金曜の夜に行えば、土曜日は休みなので皆が次の日の朝のことを気にしないでリラックスできる。
- 夜7時からなら皆の仕事もだいたい終わっているだろう。

❸ ジェイソン君

問題点
- 小林さんの気持ちや日本企業の慣習を理解しようとしない。
- 歓迎会を企画してくれた人たちの気持ちを考えていない。

どうすればいいか
- 日本で働いているのだから、日本企業の慣習を理解する努力をする。
- 他者の立場に立って考える努力をしてみる。

小林さん

問題点
- 日本の会社の慣習を外国人に押しつけようとしている。
- 金曜夜7時からの開催にこだわっている。
- 他のやり方を考えようとしていない(ランチタイムに簡単なパーティーをするなど)。

どうすればいいか
- 今までのやり方や価値観を押しつけず、他のやり方を取り入れる柔軟性を持つ。

3 タスク   p.102

❶ **会話例**(小林=K、ジェイソン=J)

K:ジェイソン君、ちょっといいかな。
J:はい、何でしょうか。
K:この前話したジェイソン君の歓迎会なんだけど、やっぱり参加してもらえないかな?
J:金曜の夜は、プライベートの時間にしているんですが。
K:ジェイソン君の気持ちもわかるけど、歓迎会は今後の仕事をスムーズにするための有効な手段だと日本企業では考えられているんだ。今回だけでも参加してもらえないかな?
J:歓迎会って、そんなに重要なものなんですか。
K:そうだよ。一緒に飲んだり食べたりしながら話すことで、コミュニケーションも取りやすくなるし、日本企業ではそれが仕事でも活かされることが多いんだよ。
J:そうですか……じゃあ、日本では「郷に入っては郷に従え」って言うそうですから、参加します。
K:そうしてくれれば、営業部の皆も喜ぶよ。
J:わかりました。参加します。

その他の例 1

K:みんなはジェイソン君を歓迎したいという気持ちで会を開こうと思っているんだよ。なんとか参加してもらえないかな?

その他の例 2

> K：じゃあ、たとえばランチタイムにみんなで食事をするというのはどう？

5 報告・連絡・相談（報・連・相）

③ タスク　p.105〜106

解答例

❶

1　問題点
プレゼンのスライドを課長に見せるのが遅すぎたこと。

2　その理由
どんなスライドを作るかアイディアを説明しないと課長の考えとのずれが生じる恐れがあるから。

3　改善方法
その週の金曜日ごろに、できたところまでを課長に見せて指示を仰ぐ。

ポイント
2：課長は進捗状況や内容がわからないと不安になり、途中経過を聞きにくるかもしれないので、その前に行動する。
3：課長から呼ばれる前にスライドのアイディアを説明し、途中経過を報告すれば、あなたへの信頼感も増すだろう。

❷

1　問題点
得意先からクレームがあったことを上司に報告しなかったこと。

2　その理由
解決できたかどうかに関わらず、顧客からのクレームや問題は、早めに上司に報告しなければならないから。

3　改善方法
クレームの電話があった時点で上司に報告し、指示を仰ぐ。上司が不在で連絡をとることができない場合は、最善と思われる対応をしておき、できるだけ早く報告する。

ポイント
2：クレームや問題の大きさ・重要性などについて、自分で勝手に判断してはいけない。

❸

1　問題点
自分勝手な判断をして、お客様の住所変更を会社に報告しなかったこと。

2　その理由
お客様の情報は会社の大切な財産だから。

3　改善方法
顧客に関する情報は、全社内で関わりのある部署と共有する。

ポイント
2：会社によって顧客管理の方法は異なるが、変更があった場合は直ちに会社のルールに従って情報の変更をする必要がある。

❹

1　問題点
遅刻の連絡が始業時間を過ぎてからだったこと。

2　その理由
遅刻の連絡は、約束の時間や始業時間などよりも前にしなければならないから。

3 改善方法
遅刻の連絡は必ず始業時間の前にする（約束に遅れそうな場合も同様）。

ポイント

2：後から連絡するのはNGなので、途中で電車を降りてでも連絡する。

❺
1 問題点
業務に関わる問題を、誰にも相談せずに、一人で悩み他の選択肢を考えずに「辞める」という最終結論を出そうとしていること。

2 その理由
一人だけで考えていると、いい考えが浮かばず、どうしたらいいかわからなくなることもある。

3 改善方法
仕事に関する悩みは、同僚や上司に相談してみる。

ポイント

3：電話応対は日本人にとっても難しい。相談すれば、いいアドバイスをもらったり、サポートしてもらったりできるかもしれない。また、そのようなことを通して、いい人間関係が作られることもある。

Ⅴ 仕事の日本語

1 敬語

1 敬語の種類と形　p.112〜113

確認問題

❶ b／a　　❷ a／b／a
❸ b　　　　❹ a／a
❺ b／a　　❻ a／b
❼ b　　　　❽ a／a

2 ビジネスでよく使われる丁寧な表現　p.114

① わたくし
② 御社／貴社
③ 弊社
④ ○○部の方
⑤ ○○部の者
⑥ どなた
⑦ 皆様／皆さん
⑧ どちら
⑨ こちら
⑩ 本日
⑪ 明日
⑫ 明後日
⑬ 先日
⑭ 先ほど
⑮ 後ほど
⑯ では
⑰ やはり
⑱ よろしいですか／よろしいでしょうか
⑲ いかがですか／いかがでしょうか
⑳ 申し訳ございません
㉑ 承知しました
㉒ 少々お待ちください

その他の丁寧な表現

❶ 調べますので　❷ 明日ですので
❸ できましたら　❹ 水曜日でしたら

3 言いかえ練習　p.115〜116

場面1

❶ (1) と申しますが
　(2) 本日
　(3) こちら
　(4) 参りました／伺いました
　(5) どちらでしょうか

❷ (1) しております
　(2) 拝見しました
　(3) 存じております
　(4) 思っております

❸ (1) お聞きしたい／伺いたい
　(2) あるのですが
　(3) よろしいですか／よろしいでしょうか

場面2

(1) でございます
(2) 申します
(3) おります
(4) こちら
(5) おります
(6) お電話いたしました
(7) ご担当の方
(8) いらっしゃいますか
(9) 申し訳ありません
(10) おります
(11) では
(12) お戻りになりましたら
(13) お電話いただけますか
(14) かしこまりました
(15) では
(16) 者
(17) 戻りましたら
(18) お電話いたします

3 電話 受ける

4 電話（受ける）クイズ　p.130〜131

問題1　① d　② f　③ e　④ c
　　　　⑤ a　⑥ b

問題2　❶ b　❷ a　❸ b　❹ b　❺ a
　　　　❻ b　❼ a　❽ b　❾ a　❿ a

問題3　❶ b　❷ a　❸ b　❹ b
　　　　❺ a　❻ a

5 ロールプレイ〈実践〉　p.132

解答例

山川部長宛	・山川はただ今、席を外しておりまして……。 ・{会議に出ておりまして／会議中でして}、11時に戻る予定です。
小林課長宛	・小林はただ今、{席を外しておりまして……／打ち合わせ中でして……}。
木村さん宛	・木村は本日お休みをいただいておりまして……。
田中さん宛	・田中はただ今、別の電話に出ておりまして……。
中村さん宛	・中村はただ今、{外出しておりまして／外出中でして}、12時に戻る予定です。
鈴木さん宛	・鈴木は出張中でして、来週月曜日に戻る予定です。
佐藤さん宛	・佐藤は二人おりますが、男性でしょうか、女性でしょうか。 ・佐藤は二人おりますが、下の名前はおわかりになりますか。

佐藤さん（男性）宛	・佐藤はただ今、席を外しておりまして……。
佐藤さん（女性）宛	・佐藤はただ今、{外出しておりまして／外出中でして}、13時に戻る予定です。

4 電話　かける

4 電話（かける）クイズ　p.140

問題1　❶ c　❷ b　❸ c　❹ b　❺ a

問題2　❶ 早朝、始業時間、昼休み、終業時間直前など
　　　❷ 夜遅く（に）／夜分（に）

5 電話　アポイントを取る

4 ロールプレイ〈応用〉　p.148

解答例

〈名乗って取り次ぎを頼む〉
　渋谷日本語学校のトム・クラークと申しますが、人事部の木村様、お願いできますでしょうか。

〈用件を言う〉
　○月○日 15:00 に御社に伺うお約束になっておりましたが、その日に学校のテストが入ってしまったので、申し訳ありませんが変更をお願いできますでしょうか。

6 訪問

2 会話例　p.151

❶（上から順に）
　5／電話で連絡する／マナーモード

8 ビジネスメール

1 ビジネスメールの基本　p.168

不適切な箇所

- 発信者のメールアドレス：Lovelove といったプライベートを感じさせるアドレスはビジネスにふさわしくない。
- 件名：文章ではなく名詞止めの形がよい。
- 宛名：㈱は省略形なので NG。「会社の正式名称＋部署名＋役職＋名前＋様」が正しい形。
- はじめの挨拶：「こんにちは」は改まったメールの挨拶としてふさわしくない。「初めてメールする」ということを書き、自分の所属と名前を名乗る。
- 結びの挨拶：「ありがとうございました」はお礼で使う言葉で、問い合わせをする時には使わない。
- 署名：絵文字はビジネスメールにふさわしくない。また住所、所属を必ず入れる。

正しいメール例

```
From: tomclark@efg.co.jp
To:   info@shibuyacorp.com
件名: ○月○日御社説明会の問い合わせ
```

(1) 株式会社渋谷物産　御中

はじめてご連絡いたします。
渋谷日本語学校のトム・クラークと申します。

今回、○月○日に御社の説明会があることを知りました。
ぜひ参加したいのですが、今からでも申し込みは間に合うでしょうか。

お返事をいただけましたら幸いです。
お手数をおかけしますが、どうぞよろしくお願いいたします。
****
Tom Clark　（トム・クラーク）
渋谷日本語学校
ビジネス日本語コース　学生
〒154-0017　東京都世田谷区世田谷6-1
世田谷ハウス201号室
TEL　090-3333-4444
tomclark@efg.co.jp
****

(1) その他の宛名例
- 株式会社渋谷物産
  人事部御中
- 株式会社渋谷物産
  人事部　ご担当者様

3　ビジネスメールの例　p.171

3　社外メールと社内メールの違い

① 部署名＋名前＋役職（役職がない場合は、部署名＋名前＋様）
② いつもお世話になっております
③ お疲れ様です
④ ［部署名］の［名前］です

5 課題2（志望先企業にメールを書く） p.173

❶ 承諾のメール例

From： tomclark@efg.co.jp
To： yyamada@shibuyacorp.com
件名： (1)Re：面接日のご連絡

株式会社渋谷物産
人事部　山田様

お世話になっております。
渋谷日本語学校のトム・クラークです。

面接日のご連絡をいただき、ありがとうございました。
(2)〇月〇日13時で (3)承知いたしました。

何卒よろしくお願いいたします。

****
Tom Clark　（トム・クラーク）
渋谷日本語学校
ビジネス日本語コース　学生
〒154-0017　東京都世田谷区世田谷 6-1
世田谷ハウス 201 号室
TEL　090-3333-4444
tomclark@efg.co.jp
****

(1) もらったメールの件名を変更しないほうがよい

(2) 確認のため、決定事項はくり返したほうがよい

(3) 「～に伺います」もよい
× 「～で了解しました」
× 「～でいいです」

❷ 日時の変更依頼のメール例

From： tomclark@efg.co.jp
To： yyamada@shibuyacorp.com
件名： (1)面接日変更のお願い

株式会社渋谷物産
人事部　山田様

お世話になっております。
渋谷日本語学校のトム・クラークです。

面接日のご連絡をいただき、ありがとうございました。
申し訳ございませんが、(2)○月○日は学校の期末テストがありますので、他の日に変えていただくことは可能でしょうか。
(3)○月○日以外でしたら、いつでも大丈夫です。

お手数をおかけしますが、何卒よろしくお願い申し上げます。
****
Tom Clark　（トム・クラーク）
渋谷日本語学校
ビジネス日本語コース　学生
〒154-0017　東京都世田谷区世田谷6-1
世田谷ハウス201号室
TEL　090-3333-4444
tomclark@efg.co.jp
****

(1)「Re：面接日のご連絡」でもいいが、日時の変更は重要なことなので件名に入れるのがよりよい

(2) 変更依頼の理由を述べる

(3) 代わりの案を提示する

6 課題3（自分の上司にメールを書く） p.173

依頼のメール例

From： tomclark@shibuyacorp.com
To： ogawa@shibuyacorp.com
件名： 来週のプレゼン資料チェックのお願い

(1)小川課長

(2)お疲れ様です。
来週行うプレゼンの資料を作成しましたので、内容のチェックをお願いできますでしょうか。

資料は添付して送ります。
どうぞよろしくお願いいたします。

(3)トム・クラーク

添付ファイル　〇月△日プレゼン資料 Tomclark.ppt

(1) 同じ部署の場合は部署名不要

(2) 会社によっては使わない場合もある

(3) 署名は会社で形式が決められていたら、それを使う

初版第 7 刷